# 逃げるが勝ち

## 脱走犯たちの告白

高橋 ユキ
Yuki Takahashi

小学館新書

逃げるが勝ち　脱走犯たちの告白

目次

# 序章

# 暗がりに目を向ける——小説家・道尾秀介との対話

ドラマや映画のなかでは、殺人事件がたびたび起こる。そして世のなかは架空の事件や犯罪を、なんの抵抗もなくコンテンツとして受け取り、楽しんでいる。

私は普段、殺人を犯した人への面会や文通取材、または裁判傍聴を通じて、彼らの話を聞いているが、そのたびに実態と物語との違いやズレを感じる。これが物語ならば、どんなにいいかと思うこともあるし、ドラマのように劇的な展開がなかったりもする。しかし、どちらも「真実」なのである。

本書は、実際に国内で脱獄、逃走した被疑者や受刑者らの手記を得る取材を行ったことがきっかけとなり、彼らの潜伏していた街の取材などを行った記録である。「実態と物語」という2つの河を俯瞰《ふかん》するための羅針盤として、数々の凶悪事件の物語で傑作を著してきた小説家・道尾秀介さんとの対話を置いて、序章に代えたい。

道尾さんの近著『雷神』（新潮社刊）は、かつて起きた事件や、ある人物の死など、複数のエピソードが絡み合い進行するなかで、人の善意や悪意、運命や偶然とは何かを、すさまじい「リアリティ」で読者に突きつける。しかし同時に、読む者には本当にしか思えないことが、必ずしも「リアル」というわけではないのだ。

## メディアは「物語」を欲する

**道尾**　世のなかの殺人や暴力、犯罪には「明確な理由」が備わっているものなのでしょうか？　僕はあんまり、そうは思えなくて。実際には、カッとなってやってしまったとか突発的な感情でなく、単純化できない複合的な理由のほうが多い気がします。

**高橋**（以下、――）　同感です。世間を騒がせるような大きな事件を扱うとき、そこに分かりやすい動機や物語を盛りがちなのは、世間や読者というよりも、ジャーナリズムを標榜《ひょうぼう》するメディアのほうでしょう。

**道尾**　事件の「物語」を魅力的にすることで、視聴率やページビュー、部数も伸びますしね。例えば市橋達也さんを覚えていますか？

――近年の逃亡犯といえば、市橋ですよね。英会話学校講師のイギリス人、リンゼイ・アン・ホーカーさんを殺害した後、整形手術で顔を変えたり、無人島で暮らして2年7ケ月も逃げた。2012年に無期懲役が確定しています。

**道尾**　大阪のフェリー乗り場で捕まったとき、彼は僕の小説『向日葵の咲かない夏』（新潮社刊）を持っていたんです。あの作品は生まれ変わりがテーマのひとつだったので、取材が殺到して。

——そういった状況は、著者としては嬉しいものですか？

**道尾**　正直にいえば、なんにもないです。マスコミには「自分の作品が、市橋さんの行動に影響を与えたとは考えません」と答えました。

——食い下がる記者も多かったと思います。

**道尾**　まあ、いかにもなにか言って欲しそうな雰囲気はありましたけど、でも、影響なんかあるわけないんですよ。だって逮捕されたときに本を持っていたなら、まだ読み終わっていなかった可能性が高いわけだから。

——なるほど（笑）。

**道尾**　そのときに感じたのは、やっぱり、なにかひとつのアイテムが見つかると、メディアはそこに物語を付け加えたがるんだな、と。そういった物語を欲するというか、偶然を超えた関連性を疑ってしまう感情は、誰のなかにも潜んでいると思います。

そういえば２０１６年に起きた小金井ストーカー刺傷事件について、高橋さんに相談したこともありましたね。

——はい。音楽活動をしていた大学生の女性をナイフで襲った男（懲役14年6ケ月）が、道尾さんの小説『光』（光文社刊）の一節をブログにアップした直後に、事件を起こして。

**道尾**　「人を行動に駆り立てるもの」に関する一節でした。『光』はそういう作品じゃないんですけどね。女性を襲った彼が自分勝手に解釈、誤読して一部を書き写しただけ。ただそれでも、このことについては胸に引っかかっていたんです。そうしたら後日、高橋さんが拘置所で彼と面会したと聞いたので、『光』について言及していたかどうか尋ねました。

——『羊たちの沈黙』のレクター博士のように、ここで道尾さんの作品をめぐる問答でもあれば「物語」になったかもしれませんが、実際には、面会した彼の口から『光』についての言葉が発せられることはありませんでしたね。

彼の愛読書や差し入れで要求してきた本からも、特定の傾向は導き出せなかったので、道尾さんには「ブログにアップされた抜き書きには、強い意味はないと思います」と伝えました。

**道尾**　そうそう。高橋さんから「彼の読書の好みは普通です」って言われてホッとして……そんなふうに「物語」がないのが、「リアル」なのでしょうね。

## リアルとリアリティ

**道尾**　しかし、今回読ませていただいたこの本の「リアル」は、「物語」がないどころか、めちゃくちゃ面白くてビックリしました。

この本を読んだ人みんなが感じると思うんですけど。もしも小説で書いたら、読者の怒りを買いそうな出来事がたくさん出てくるじゃないですか。「なんだ、こんなリアリティのないものを書きやがって」と、クレームをつけられるような。

——えっ！

**道尾**　例えば、山本輝行（仮名・以下同）さん。大阪の警察署から脱走して、自転車で日本一周しようとした彼は、職務質問までされたのに、どうしてバレずに逮捕もされなかったのか。

第3章に書かれている「リアルな理由」を、もし僕が小説で書いたなら、編集者とか校閲さんから赤字が入ると思います。「いくらなんでも警察が間抜けすぎでは？」とか。

――でも現実には、いるんですよねえ。

**道尾**　「リアル」と「リアリティ」の違いは、本当に面白い。小説であまりに「リアル」を書いちゃうと、「リアリティ」を確保できないという。

――ミステリー小説の場合は、登場人物たちのスペックが高いですよね。基本的には、犯人も警察もみんな真面目で頭がいい。

**道尾**　そうじゃないとトリックを仕掛けられないし、謎も解けなくなっちゃいます。

――私も取材を始めたばかりの頃にはドラマチックな話を予想して現地に入りましたが、ぜんぜん違いました。ときにはプッと噴き出してしまうような、ドタバタ劇でしたね。

**道尾**　塀のない刑務所から逃げ出した野宮信一（仮名・以下同）さんを取材した第1章、第2章を読み終えたとき、実は泣いちゃったんですよ。もう本当に、取材力に感動しました。

彼が潜伏していた町の人々が、ぜんぜん怖がっていないどころか、「あの子、どうしているかしら」と懐かしく振り返る。当時の報道だと、のどかな島を恐怖に陥れた脱走犯として描かれているわけですよね。こんな状況は、逆立ちしても小説家の頭からは出てきません。

――そう読んでもらえれば嬉しいですが……最近は、ノンフィクションをめぐる表現の限界というか、不自由さを感じる機会が多くて、しんどい気持ちになります。

**道尾**　物語を魅力的に「加工」できないという意味ですか？

――ノンフィクションのルールとして当たり前なので、そのストレスはないです。なんというか、事件にはかならず被害者や関係する人々がいるじゃないですか。一言で被害者といっても、事件に直接かかわる人から、その事件の報道を見て心が傷ついたという人まで、被害者を定義する範囲も拡大しようとすればどこまでも広くなります。

人が亡くなった事件を扱っている本について、面白いので、ぜひ買って読んでくださいね、というような言い方は許されません。事件ノンフィクションを「面白い」と言うことに、なんとなく、うしろめたさを感じる。というより、感じているように振る舞わないと許されない雰囲気へのストレスというか。

道尾さんは、自分の作品で凶悪な描写や残虐な展開を書くときに、世間が暗黙の了解として求める「モラル」を忖度《そんたく》しますか？

**道尾**　全くしません。自分が必要だと思えば、どれだけ酷薄でも書きます。僕は小説家として、人の生き死にを徹底的に描くことで物語にしているわけですから。

——私も腹をくくらないと。

## 緑色のうさぎ

——以前、友人の言葉にハッとさせられたことがありました。「ユキちゃんって、大学の学食でもテレビで変なニュースばかり見てたよね。北九州の監禁殺人事件とか」って。でも『プロムナード』（ポプラ社刊）に収められていた「緑色のうさぎの話」を読んで安心したんです。

**道尾**　あれは、17歳のときに描いた絵本ですね。いま単行本でも出ています。

——1匹だけ緑色で孤立していたうさぎが、ある出来事をきっかけに白いうさぎたちと仲良くなる。普通の物語なら、ここで終わりですよね。軋轢《あつれき》を乗り越えて、ハッピーエンド。学校教育的には、それで十分よくできた物語ということになるのでしょうけど、道尾さんは違います。

**道尾**　ははは。思えば中学生ぐらいから、日常でなにが起きても退屈でしょうがないという感覚はありました。

――幸せの絶頂にいた緑色のうさぎに、突然、残酷な出来事を被《かぶ》せてしまう。今の道尾さんの作品にも流れている、ある種の凶悪さとか、死のイメージに惹《ひ》かれる気持ちは幼い頃から持っていたのですか。

**道尾**　日常の物足りなさみたいなものが原動力になって、自分を形作ってきた面はあると思います。例えば音楽だとスラッシュメタルにはまって、映画ならホラーとかが好きになって。でもやがて、他人が作ったものじゃ満足できなくなる。

だったら、自分の欲しい物語を、自分で作ろうと。「緑色のうさぎの話」は、その初期の頃の作品です。

――結局、白いうさぎたちは人間に撃ち殺されてしまい、緑色のうさぎは1匹に戻ってしまうわけですが、この物語のなかで、当時の道尾さんは誰かに自分を投影していたのですか。特別だけど孤独な緑色のうさぎ、殺されてしまう白いうさぎたち、あるいは狩りをする人間?

**道尾**　どうでしょう。物語をつくるときはそれぞれのキャラクターになりきってしまうので、もし投影しているとしたら全員だと思います。

## 事実は、小説より奇なり

**道尾**　逃走犯という存在はなんとなく、かっこよく見られがちですよね。

――たしかに市橋の公判を熱心に傍聴する市橋ギャルとか、いましたね。権力の象徴でもある警察を手玉にとっているように見えるからでしょうか。

**道尾**　昔の3億円事件とか、フィクションならスタローンの『ランボー』シリーズも、ずっと人気があります。さっき話題に上った世間のモラルでいえば、ランボーなんて悪人ですよ。どんどん人を殺すし。でも応援してしまうのが不思議です。

――そうやって言い出すと、本当にキリがなくなっちゃいますよね。ヒーロー扱いされている不良漫画の主人公は傷害罪ですよ、とか。

**道尾**　でも色々言ったって、かっこよく見えちゃう。ヒトの遺伝子を調べると、旧石器時代からほとんど変わっていないそうです。だから、本能かもしれませんね。大昔なら、狩りの上手な人。現代なら、逃走犯。この時代に、スマホを持たずに逃げる。だから、なかなかなか追跡できない。そうして強い相手を翻弄すると、なんとなくかっこよく感じられてしまう。

――山本や野宮は警察署や刑務所から脱走したので、スマホを持っていませんでした。たしかに、彼らがもしスマホを持っていたら、事件の展開も違ったかもしれません。

**道尾**　移動手段もレトロですしね。闇夜に海を泳いで、自転車でお遍路《へんろ》を巡って。現代の事件なのに、この本には最新のアイテムが全く出てこない。まさに向田邦子さんが好きだった言葉、「事実は、小説より奇なり」です。

僕らみたいに大嘘ばかり書く仕事をしていると、このフレーズが世の中で一番嫌いだという作家さんもいたりしますけど。僕は全く逆で、リアルの面白さをしっかり認識していないと、それを超えるフィクションは絶対に書けないと思っています。高橋さんの本を読むと、身に染みて実感しますね。現実をバカにしちゃいけない、って。

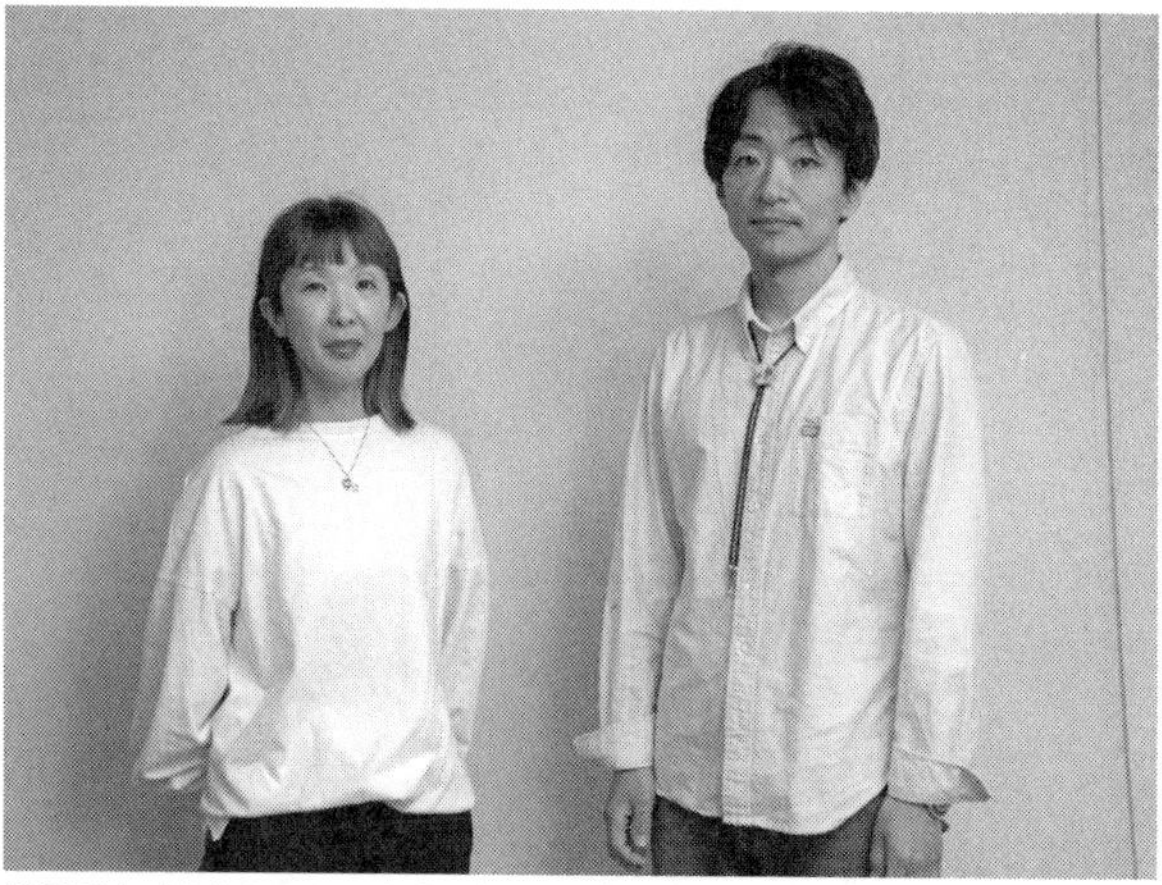

道尾秀介（みちお・しゅうすけ）　1975年、東京都出身。2004年『背の眼』でホラーサスペンス大賞特別賞を受賞し、作家としてデビュー。2007年『シャドウ』で本格ミステリ大賞、2009年『カラスの親指』で日本推理作家協会賞を受賞。2010年『龍神の雨』で大藪春彦賞、『光媒の花』で山本周五郎賞を受賞する。2011年『月と蟹』で直木賞を受賞。『向日葵の咲かない夏』はミリオンセラーに。近著に『貘の檻』『満月の泥枕』『風神の手』『スケルトン・キー』『いけない』『カエルの小指』『雷神』『N』などの作品がある。

撮影／藤岡雅樹

# 第1章

# 丁寧すぎる犯行手記——松山刑務所逃走犯

刑務所と聞いて、皆さんはどのような場所をイメージするだろうか。高い塀や有刺鉄線に囲まれた敷地内で、刑務官の眼が光るなか、臭い飯を食べ、工場で刑務作業に励み、鉄格子の中で眠る……。それもおおむね正しいが、実は日本には〝塀のない刑務所〟が存在する。

有罪判決が確定して刑務所に入るとき、彼らはどのような罪を犯したのか、再犯か初犯か、凶悪犯罪かそうでないかなどにより処遇指標を指定され、その指標に合った場所で受刑生活を送る。途中で処遇指標が変わることはあるものの、入所は原則として模範的な受刑者のみである。

正式には開放的処遇施設と呼ばれる塀のない刑務所は、社会に近い環境で更生を図ることを目的としているため、管理が比較的緩やかなことが特徴だ。

もともと、日本にはこのような施設はなかったが、1955年に国連が開放施設について『在監者の自立を信頼しているというその事実によって（…）もっとも望ましい条件を備えている』などと規定した「被拘禁者処遇最低基準規則」を決議したことから、日本でも次々に設置された。

受刑者らは施設内にある工場や農場で作業を行い、集団生活を送る。千葉県の市原刑務所、網走刑務所・二見ケ岡農場など、国内には現在、4ケ所の開放的処遇施設がある。そのひとつ、松山刑務所大井造船作業場から逃げ出し、日本中を騒がせた男がいた。

2018年のことだ。

## すいませんでした

大井造船作業場の開所は、1961年。瀬戸内海に面した愛媛県今治市の民間造船所「新来島どっく大西工場」内にある。集められるのは原則として、初犯で刑期が10年未満、おおむね45歳以下で協調性がある模範的な受刑者たちだ。

彼らは、敷地内にある5階建ての寮舎「友愛寮」で共同生活を送りながら仕事場に通う。寮の部屋に、鍵や鉄格子はない。受刑者らは午前6時半に起床。点呼や朝食を終えると、刑務官と共に持ち場へ向かい、造船所の一般社員と混ざって溶接作業などをする。社員とはヘルメットや作業着の色が違うが、ほとんど同じ仕事をこなさなければならない。午前8時から午後5時まで働き、夕食や入浴、自由時間ののち午後10時半に就寝する。

約120件もの窃盗や建造物侵入の罪で懲役5年6ケ月の判決を受け、2015年に松山刑務所に入所した野宮信一（仮名・以下同・当時27）が、大井造船作業場（以下、大井）に収容されたのは2017年12月だった。ところが、それから半年も経たない翌18年の4月8日、午後6時5分。野宮は寮の1階、廊下の北側にある窓から逃走した。

大井の職員が気づいたのは、逃走から約1時間近くが経った午後6時50分。寮内を巡回中、受刑者同士で行われていたミーティングで野宮の姿が見当たらなかったため、捜索が始まった。

そして午後7時1分ごろ、捜索中の職員が1階、廊下の北側にある窓が開錠されていることを確認した。その向かいの更衣室内に設置された野宮の靴箱には靴がなく、代わりに「すいませんでした。」と書かれたメモ紙を見つけ、110番通報するに至った。監視カメラには、午後6時8分ごろに野宮が寮の建物外の敷地を走り去る様子が映っていた。

## 刑務所ってこと忘れてるな

誰にも気づかれることなく窓から寮を飛び出し、フェンスを乗り越え敷地外に出た野宮は、民家から盗んだ乗用車を走らせて、四国を脱出。道路で結ばれた離島の向島《むかいしま》に向かい、無人の家屋に潜伏した。その後、瀬戸内海の尾道水道を泳いで本州側へと渡った。身柄を確保されたのは同月30日、向島から西に65キロ離れた広島市内だった。

法務省矯正局によると、大井を出所した元受刑者が再び罪を犯して刑務所に入る割合は6・9パーセント。全受刑者が再び刑務所に入る割合は41・4パーセントであるから、格段に低い。模範囚が多く、出所後に再犯する者も少ないということになる。松山刑務所での生活態度を評価され大井に移された野宮も、20年1月には刑期満了を迎える予定だった。受刑者の逃走は、「保釈中の逃走」とは扱いが異なり、逃走罪に問われる。あと1年9ケ月を真面目に務めれば逃走せずとも自由の身になれたのだ。逃げれば、また刑務所に入ることになる。それなのになぜ、彼はリスクをとったのか。

23日間にわたり逃走した野宮はのちに単純逃走罪や窃盗罪で起訴され、同年9月28日に松山地裁で懲役4年の判決が言い渡された。控訴せず確定している。判決直後、執筆してもらった手記には、逃走に至った理由が書かれていた。

と、その前に、まずは容疑者や受刑者と文通するための方法について簡単に記しておきたい。彼らと手紙のやりとりを行うには、まず居所を調べる必要がある。逮捕直後の容疑者段階であれば、その身柄は一般的に警察署にあるが、起訴されて被告人という立場になれば、拘置所や拘置支所などに移送される。ただ、これは地域により運用がまちまちで、起訴後も身柄が警察署に置かれたままということもある。

警察署や拘置所に問い合わせても、所在を確かめることはできない。職員は教えてくれないからだ。何もつながりのない相手とコンタクトを取る方法はひとつだけ、いちかばちかで手紙を送ってみる。野宮に対してもそうだった。見当をつけた施設の住所に、そこにいるであろう容疑者や被告人の名前を書いて郵送する。もしいなければ手紙が返送されてきて終わり。

運良く相手の居所が当たりでも、当人のもとにはすでに新聞記者やテレビ局員などから、取材目的の手紙がいくつも届いている……ということも、ままある。こうして〝自分の発言の価値〟を知った被告人らのなかには、取材に対して様々な条件を提示してくる者も少なくないのだが……。

## 14枚の便箋

〈前略　ご返事を差し上げるのが遅れて申し訳ございません〉

〈ボールペンで手紙を差し上げるのが礼儀だと思いますが、なぜか書いている途中でインクが途切れたりして失礼な文字になってしまうので、シャーペンで書いています。お許し下さい〉

Ｂ5サイズの便箋には、隙間なく小さな文字が埋められていた。へり下った文面と丁寧な筆致は、世を騒然とさせた犯罪者像から程遠い。

〈私のことは気になさらず、どんなことでも聞いてもらって大丈夫です〉

野宮は、私が勝手に出した取材依頼の手紙に快く応じたのだった。そして送られてきたのが、逃走から逮捕までが綴《つづ》られた、14枚に及ぶ手紙だ。

それによれば、彼が逃走を決意した背景には、大井の〝体質〟が深く影響していたという。〈当時の動機や目的などは何点かあります〉と前置きのうえで、こう綴っている。

〈①3月と4月の規律違反で全てを失ったこと。②2月のはじめに足を痛めて気持ちが病んでいたこと。③規律違反で当時の自治会長との関係が悪くなっていたこと。④職員から「他のやつが許しても俺は絶対に許さんからな。覚えとけよ。」と言われたり無視されたりしたこと（規律違反が原因）。⑤規律違反は誰もが日常的に行なっていて、日に日にエスカレートしていました。自分が見つかった時に、それまでの自分の行動を振り返って「みんな大井を刑務所ってこと忘れてるな」って感じて、自分の間違った行動、そして、大井全体をリセットするには、あの方法しかないと考えてしまったこと。⑥職員と一部の受刑者が親密な関係になり、職員が正常な判断ができていなかった。⑦いじめのような指導や下の立場の受刑者が自分の時間を持てず奴隷のような扱いを受けていたことなどが見ていて辛かったこと。

こんな感じで、いろいろと思い悩んでましたね。大井では、信じれるものなんて、なにひとつも、なかったです。どんな違反があったのかについては今は伝えることができないので。すいません〉

大井には、松山刑務所長が定めた規定があった。受刑者だけで構成された自治会で、活動を行わせるという独自の処遇を展開していたのだ。これには受刑者の自立心や責任感を養うというねらいがある。場長（刑務官）の指名により、受刑者による自治会長やリーダー、安全推進委員など11の役割責任者（自治委員ともいう）が置かれることとされていた。

野宮は18年2月に安全推進委員に指名され、また同年3月下旬から就業を開始した新入受刑者2名の生活指導も行っていたという。この任期は、指名を解かれた場合を除き、原則として釈放までとされていた。

自治委員を指名する場長は松山刑務所長の指揮監督を受け、大井における事務を統括するとともに職員を指揮監督しており、場長の下には副場長、次長及び一般職員十数名の職員が配置されている。つまり、自治会は受刑者たちが自主的に作り上げたものではなく、彼らを管理する刑務所主導のもと組織されたものだった。

受刑者の生活の大枠は「刑事収容施設及び非収容者の処遇に関する法律」に定められているが、さらに各刑務所にはそれぞれ細かな「遵守事項」がある。

野宮は、松山刑務所長が定めたこの遵守事項に違反してしまったのだった。

当時は公にすることを禁じられていたのか、野宮自身は違反行為について手紙で明らかにはしなかったが、事件後の6月に法務省の「松山刑務所大井造船作業場からの逃走事故を契機とした開放的施設における保安警備・処遇検討委員会」がまとめた「開放的施設における処遇及び保安警備等に関する検討結果報告」に、違反行為が詳しく記されていた。

これによると野宮は逃走の前月、作業道具保管や受刑者の休憩に使われるストックハウス内において、民間企業の従業員用ヘルメットとジャンパーを着用しているところを、工場内を巡回していた次長に見つかったのだという。

当時、野宮は次長にこう説明していた。

「トイレに行った別の受刑者が戻ってきた時に驚かせるためだった」

そして、逃走3日前の夜。野宮が居室内で「過去に大井作業場で就業していた元受刑者が残していった」と思しき座布団を所持しているのを、寮を巡回中だった副場長が見つけた。単なるいたずらや、物品使い回しも、刑務所内では自身の処遇を大きく変える重大な違反行為となってしまうのである。

この2件について、いずれも場長による訓戒・説諭が行われると、野宮は謝罪し「今後は真面目に生活する」と述べたという。だが、謝罪だけでは終わらなかった。場長が受刑者全員を集め、今後は元受刑者が残していった物品を使わないようにと訓示を述べる事態に発展し、また副場長がその場で野宮への自治委員の指名を解いた。

そして翌日夜、受刑者らで行われるミーティングの席上において、自分も受刑者である自治会長が、野宮を厳しく叱責したという。

「なめてんのか。やる気がないんだったら帰れ。今まで何を学んできたんだ。俺は許さんぞ」

野宮の手記によれば、元受刑者の残していった物品を使う行為は、大井で常態化していたようだ。そのため、逃走3日前に場長が全受刑者を集めて訓示を行ったのだろう。皆がやっていることなのに自分だけが叱責され、自治委員からも外された。野宮は、絶望的な気分に落ち込んでしまったようだった。

見せしめのように皆の前で怒鳴られ、立場も一番下になり――〈私の居場所がもうない〉

――逃走後に野宮の居室内から発見された、父親宛ての未発信の手紙にはそう記されていた。

〈果物で例えさせてもらいますが、1つでも腐った物があれば、周りをも腐らせてしまいます。生活して気付いたのは、大井はかなり昔から腐っていたということです〉

そして2日後の4月8日、野宮は窓から逃走した。

## 16頭の警察犬

敷地外に出ると、野宮はすぐに、近くの民家に停めてある自転車を盗んで移動し、また別の民家で現金を盗み、停めてあった車を奪った。

ここから本格的な逃走劇が始まる。

〈19：30頃、今治インターからしまなみ海道。（目的地は、ナビにとりあえず遠くに、と思い「おかやま」と入力すると、なぜか愛知県のどこかに設定されたが遠いことに変わりはないのでそのナビ通りに）20：00頃、途中のパーキングで飲み物などを購入。車に戻ってすぐに覆面パトカーが来たことに気付き逃げる〉

このときは途中で車を路肩に停めてやり過ごし、ふたたび車を走らせた。野宮は一旦しまなみ海道を抜けて本州まで上陸していたのだが、向島からの合流地点に先ほど見送ったパトカーが停まっていたことから、向島に戻ることにしたのだという。

〈路肩をつかって逆走して、すぐのところに公衆トイレがある駐車場があったので、車を

乗り捨てて目の前の山へ〉

向島と尾道をつなぐ橋は2つある。新尾道大橋と、尾道大橋だ。後者は2013年まで通行料の収受が行われていたため、向島北部には料金所跡が今も残り、公衆トイレや駐車場もそのままになっている。車を降りた野宮は、走って山へ向かった。

〈21：00頃、山を抜けて民家にあった自転車を窃盗〉

〈22：30頃　民家から金品などを窃盗（ニュースなどで出ていた置き手紙を書いた場所）〉

〈23：30過ぎ、1件目の潜伏していた空き家を見つける〉

野宮は、逃走初日に見つけたこの空き家に2日間、10日夜まで潜伏する。

向島は近年、県外への移住者増加に伴い、空き家が1000軒以上ある。耕作放棄された果樹園も目立ち、逃走犯が潜伏しやすい環境が整っていたともいえる。

1軒目に潜伏した空き家には食べ物がなかったため〈お腹が空いたので近くの民家から食べ物や金品を窃盗〉していたという。この空き家で潜伏を続けるためには、定期的に外に出て〝盗み〟を働く必要があるのだが〈9日の朝からずっと家の前を警察、報道の人、中学生が歩いたり、前に止まって警察の人がメモを取ったり〉と、周辺は騒がしい。

危険を感じた野宮は〝引っ越し〟を決意した。

〈すぐ見つかるかもしれないと思い10日の夜に、山の近くを通って、2件目の空き家を見つけて、24日までの2週間潜伏してました〉

その間、広島・愛媛両県警が投入した捜査員はのべ約1万5000人。向島全域を捜索し、島に繋がる全ての道路と渡船で検問を行っていた。世間がそのことを知った第一報は、逃走翌日の4月9日。ここからテレビや新聞は連日、野宮の行方や人相、大井の特徴、捜査状況などを報じ続ける。

『愛媛県警今治署は八日、同日午後六時ごろから同七時ごろの間に、同県今治市の松山刑務所大井造船作業場から野宮信一受刑者(27)が逃走したと明らかにした。今治市と瀬戸内しまなみ海道で結ばれている広島県尾道市・向島の尾道大橋付近で、野宮受刑者が使ったとみられる盗難車が見つかり、両県警が周辺を捜索している』(『東京新聞』4月9日・引用部も仮名に変更・以下同)

『愛媛県今治市の刑務所から男の受刑者が逃走し、指名手配されている事件で、男が潜伏していると見られる広島県尾道市の島では空き巣や車上荒らしの被害が相次いでいる事が

分かった。警察は関連を調べるとともに、10日も300人の体制で捜索を続けている』（NHK『昼のニュース』4月10日）

『愛媛県の刑務所施設から野宮信一受刑者が逃走して5日目。受刑者が依然として島に潜伏している可能性があることがわかった。900人態勢で捜索をしている』（TBSテレビ『あさチャン！』4月12日）

こうした捜索も功を奏さなかったことから、4月21日には、それまでで最多となる16頭の警察犬が投入された。さらに警察490人体制、消防団員約300人で1000軒超の空き家を点検、警察の動員数はのべ1万人超にも上ったが、野宮は見つからない。

ついには、ゴールデンウィーク前の新兵器として、赤外線カメラを搭載した海上保安庁のヘリコプターを使用して捜索するも、逃走19日目のヘリ投入に「今更かよ」「ちょ〜遅え……」など、ネット上での評価は散々なものだった。

## 潜伏先に警察が入って来た

空き家の多い島というと、人通りの少ない閑散とした風景をイメージしがちだが、向島の人口は2万2000人以上（2020年11月末時点）で、子育て世帯も多い。夕方になると制服を着た学生らが自転車に乗り、渡船場へ向かう姿を多く見かける。

広島県尾道市と愛媛県今治市を結ぶしまなみ海道は、大勢のサイクリング客らが訪れ「サイクリストの聖地」と呼ばれる観光地でもある。そして向島は、本州からしまなみ海道を渡る観光客たちが最初に上陸する場所だ。土地以外の人の来訪に慣れているためか、島の人々は、筆者の取材にも快く応じてくれた。

「日立造船や向島ドックなどの大きな造船会社がある関係で、関連会社や下請け孫請けがあって、結構仕事がある。島というと仕事がないから本土に行くという考えがあるけどこっちに来る人も多いよ。だからいまも船着場3つもある。前は5つあったからね」

島の産業について教えてくれたのは、大正5年創業の住田製パン所を営む住田初志さんだ。野宮の潜伏によって生活が一変した向島の住民たちは、いまも当時の混乱ぶりを鮮明に記憶している。ある住民はこうこぼした。

「検問が始まった日のことは忘れられない。この辺の小学校の入学式の日だったんです。検問で橋が渋滞になって入学式に間に合わんと皆が言っていました。その日は朝5時に地震があって、そして検問が始まって……いろんなことがあってすごく覚えてます。

それからは、島に入ってくる車も出る車も1台1台、一度停められて車の中を見られて、っていうので、しばらく大変でした。車を乗せることができる渡船でも毎回検問。当然、橋はいつも渋滞しとったし、近隣の人は『いまは来ちゃいけんのんじゃないか』となかなか来てくれなくなった」

島内の小学生たちは集団登校を余儀なくされ、下校に保護者の迎えが必要となった学校もあった。日中は捜索のためのヘリコプターが絶えず旋回し、捜査員らが島中を歩き回る。

住田製パン店近くのサイダー店で、店主と立ち話をしていた女性も言う。

「この辺じゃ、ああいうことないけえねえ。今でもヘリコプターの音を聞いたら思い出すんよ。この前の道を警察が10人くらいで棍棒持ってね、よう歩きよったねえ」

当時、向島で取材を行っていた全国紙記者は、当時の警察の混乱ぶりを苦笑しながら振り返った。

「目撃情報は結構ありました。食料が盗まれたとか、菓子パンの袋が捨ててあったとか。そのような情報が寄せられれば、警察はとりあえず確認に行きます。信憑性が薄いものが多かったなか、あるとき一度だけ『ついさっき、怪しい人を見た』という情報が寄せられたんです」

それが尾道大橋のそばにある岩屋山だった。山頂付近に巨石群が点在しており、古代の巨石信仰の聖地でもあったといわれている。尾道市街が一望できる地元の観光スポットだ。この周辺の住民から目撃情報が寄せられて、捜査員らは色めき立った。山裾を囲み、徐々に登っていけば、必ず野宮を確保できると考えたからだ。

「それで警察が1000人以上で山の周辺を囲んで、機動隊みたいな人たちが続々と山のなかに入って行った。我々も本社から写真部に来てもらっていたので『初めての大捕物をやるから』と、急いでスタンバイしてもらったんです。ですが、その情報は信憑性が薄かったようで、結局野宮は見つからず。唯一見つかったのが『人糞らしきもの』だったんですよ……」(同前)

ワイドショーやニュース、新聞がこの向島の様子を連日報じるなか、当の野宮は2軒目の空き家で潜伏を続けていた。彼にとっては幸運なことに、その空き家には一通りの家財道具に加え、食料まで残されていたという。さらに水道、電気まで通っていた。

〈そうめん、米、さば缶、こんにゃくゼリー、干しいたけ、粉末コーヒー、2Lのお茶、もち、冷凍の魚、などで2週間生活していました。賞味期限は9割の物が切れています。一番ひどいのは、2001年に切れてた物も。ほとんどが5年以上前に切れてます。食べないとどうしようもないので、火を通して食べてました。腹痛は1回だけありました〉

1軒目の空き家のときのように食料調達のための外出は不要な環境にあったが、3度ほど、空き家を抜け出して外に出たこともあったという。

〈1度は飲み物を自販機で購入。残りの2度は、すぐ近くで道路に座って何も考えていなかった。毎日のヘリコプターの音で寝れず〉

そんな中、ついに彼が潜む空き家にも捜索の手が伸びる。2軒目の空き家に潜伏してから10日が過ぎた、4月20日頃だったという。

〈20日頃、潜伏先に警察が入ってきて屋根裏まで調べず見つからず〉

窮地を逃れた野宮は、空き家に潜伏中、テレビも見ていたという。そこで自身の逃走についての報道を確認していたが、大井の言い分には不満を抱いていた。

〈出頭する気は、大井の問題が明るみに出て、改善するということが分かるまで、なかっ

たです。あと、最初の方の報道で、「大井での指導などは問題はなかった。」と報道されていて、怒りの感情が強かったです〉

だがその報道から、いま身を隠している向島の現状も知ったそうだ。

〈毎日のニュースで、向島の方々が、橋の検問などでとても迷惑や不安を与えていたことが、見ていて辛かった〉

## 脱出

そして4月24日、彼は向島からの脱出を決意した。

〈4／24　22：00頃、死んでもいいという気持ちで海を泳いで島を出る〉

尾道水道を渡れば向島から本州までは最短200メートル。水面には波もなく、頑張れば泳げそうな距離だが、野宮が死を覚悟したように、この200メートルは並の海域ではない。

向島の住民らは口々に言う。

「船から見てもよう分からん。上から見たら穏やかなんやけど、海の中がね。潮の流れはすごい速いんよ。流れ速いから真っ直ぐは行かれんから、船もちゃんと潮の流れを計算してるよ。尾道大橋でたまに自殺する人おるけど、真っ直ぐ落ちることない。まず1キロ以上は流されて見つかるから」

「泳いで渡ったっていうけど流れは速いんで。フェリーとか見たら、すごい流されてまっすぐ行けてない。流されてる」

「もともと島の北側も海水浴場だった。当然、泳ぐやつもたくさんいた。波はないけど流れが速い。40、50年前は泳いで渡ったと言うおじいさんもおるけど、今はおらん。

あと昔と違って、向島から渡っても、尾道側の桟橋が整備されて、陸に上がれるところがなかなかないんよね。桟橋は結構高いところにあるからひとりでは上がれない。昔は石の階段があって、どっからでも上がれた」

フェリーでさえ航路がずれるほどの激しい海流で、小型漁船はエンジンを止めた瞬間に流されてしまうという。加えて当日の夜は、ざあざあ降り一歩手前のしっかりした雨が降っていた。

地元住民らが口を揃えて「潮の流れは速い」と言う尾道水道。野宮はビニール袋に入れた着替えを携え、潜伏していた空き家を出て北に向かい、ある造船所の駐車場脇から海に入った。そして200メートル位の距離を1時間以上泳いで本州に上陸したという。

〈最初の50m程は、全く波が無く、「これなら全然大丈夫だろう。」と思って泳ぎ始めたら、50mくらいのところに、船の碇泊できる場所があって、そこのラインから潮の流れが一気に激しくなったんです。「これはやばい。」と思って、1回その碇泊場に上がって、どうしようか考えてました。当時、雨が結構降っていたので、かなり寒かったんです。20分後くらいに、戻るという気持ちは泳ぎ始めた時からなかったので、海へ再び入り、仰向きで、足をバタバタさせ、手は水の中でバタバタさせて、泳いで対岸を目指してたのですが、どんなに泳いでも横に流されるだけで、全然前に進みませんでした〉

当時の水温は15度前後。体は冷え切っていたに違いない。このあたりから実際に死が頭をかすめはじめたようだが、必死に泳ぐ。

〈泳がなければ、ただ死を待つだけになるので、無我夢中で泳いでたんですが、30分くらい手足を動かしていると寒さと疲れで動かなくなり、それから「もう無理や…。」と思い、ただ仰向けの状態で浮いていているだけになってて、それからどのくらい経ったか分からないのですが、おそらく20～30分くらいで、顔を上げて対岸を見ると、かなり流されてはいたのですが、あと少し泳げば対岸へ着きそうなところまできていたので、最後の力を出して泳いで、なんとかたどり着いた感じです〉

命からがら上陸できた野宮だったが、しばらくは死の不安を抱えながら過ごした。

〈たどり着いてホッとしたということより、寒さと疲れで体のふるえが止まらず、今のままだとそれが原因で死ぬんじゃないかという考えばかりでした〉

〈海を泳いだせいで、ずっと風邪を引いてました〉

尾道水道縦断の壮絶さがうかがえる。しかしそれでも、野宮が海に入った日時、潮の流れは極めて緩やかだった。別の時間帯、別の日であれば、命を落としていた可能性もあったと、地元住民たちは一様に野宮の〝幸運〟に言及したのだった。

## 月に一度訪れる特別な時間

「駅より西の方に着いたと聞いたよ。だから相当流されたんじゃろう。満ち潮のときは東の方へ流れるんじゃけど引いたときは西の方へ流れる。引いたときじゃったんじゃろう。

でも、いい日を選んだようじゃったよ。一番潮が凪《なぎ》になる時だったから。頭が良かったんやね」

「80歳になるお袋もそのひとりですが、あそこを泳いで渡った人が、口を揃えて判で押したように言うのが『300メートル流された』という事実です。海図からのうろ覚えですけど、潮流が日によって、また時間によって違いがあるものの、最強で2・5海里ほど（1海里約1・9キロメートル）。満ち潮では東に、引き潮では西に流れます。これが上げ潮だったら東に流されますから、対岸の漁港以外に上陸ポイントはほとんどなかったはずです」

24日は潮流が穏やかになる小潮のうえ、同日深夜から25日未明にかけては「潮止まり」になっていたというのだ。尾道水道は夜間も船の行き来があるため、船体にぶつかったり、スクリュープロペラに巻き込まれる可能性もあったが、野宮はいくつもの幸運を味方につけ、泳ぎ切った。

「この時間帯を狙って泳いだ可能性がある」「漁協の人がテレビでそう話しよるのを聞いたんじゃないか」など、尾道水道の潮の流れを把握していたのではと住民らは言うのだが、野宮はそれを知らなかったと綴っている。

〈警察での取り調べで、余談として話してもらったことなのですが、自分が泳いだ24日のその時間（22時頃）は、潮の流れが落ち着いていた唯一の時間帯だったと言っていました。その時間帯以外だとまず泳ぐのは無理だっただろうとのことです。勿論、潮の流れを泳ぐ前に調べることはしていません。

あと海までの道中で、警察の人を見かけることは、一回も無かったです〉

知ってか知らずか、ともかく無事に尾道への上陸を果たした野宮は、3軒目の潜伏先を見つけ、数日そこに身をひそめることにした。

向島とは異なり、この民家には人がいたが、住人の男性は日中に数時間帰宅するのみで、野宮と接触することはなかったそうだ。

『屋根裏には野宮容疑者が持ち込んだとみられる炊飯器やコップが放置され、現金や健康保険証、衣服が盗まれていた（…）取材に応じた男性は「風呂の窓を少し開けていたことがあるので、そこから侵入したのでは。本当に気持ちが悪く、腹立たしい」と、憤った。野宮容疑者は向島でも無人の別荘の屋根裏に潜伏していた』（『日刊スポーツ』5月4日）

当の野宮はその間、25日と27日にはマスクで顔を隠して近くのコンビニに行き、パンやお菓子を購入するなど、逃走犯とは思えぬ自由を謳歌していた。

ようやく風邪が治った29日、野宮はバイクを盗み、また移動を始めた。しかし、安芸長浜駅でバイクのガソリンがなくなったため、電車で広島駅へ。ネットカフェで3時間を過ごして退店した後、広島の街を彷徨《さまよ》っていたところをついに逮捕された。

〈どこに行けばいいのか分からず、大通りを5分位歩いていました。交番の前に警察が立っていたが、全然気付かれず、だが直後に横の道路を走っていた覆面パトカーに見つかり、まだ心の準備ができていなかったので、逃げてしまい、でも20mくらいで捕まりました〉

大井を脱走してから、実に23日が経っていた。

野宮信一が働いていた大井造船作業場・新来島どっく。塀のない刑務所ということを知らなければ、ただの工場に見える。

野宮はこの尾道水道を雨の夜に泳いで渡った。大きな波は立たないため潮の流れが早いということが意外である。

# 第2章

# めっちゃ似とる——松山刑務所逃走犯

4月30日11時25分の通報を受け、11時38分に野宮の身柄が確保されたのは、広島カープの本拠地・マツダスタジアムに通じる大通りから入った、小学校脇の路地だった。

その直前、覆面パトカーに見つかったことに気づいた野宮はあわてて走り出し、脱げたサンダルにも構わずに、靴下で小学校の塀をよじ登ろうとしていたところで、追いついた署員に確保された。13時半から始まる阪神タイガースとのデーゲーム観戦のため、多くのカープファンがスタジアムに向かっているタイミングだった。

「その日は連休だったこともあって、店内にもお客さんが多くて、外も球場に向かう人がいっぱいいいました」

広島駅にたどり着いた野宮が〝逮捕前の最後の時間〟を過ごしたネットカフェに勤めていた木村さん（仮名）の話を聞くことができた。

野宮を見て「似ている」と店長らに伝えた張本人だ。確保に直接関わったことから、店舗の名や、木村さんの本名や性別は伏せるが、この報告を受けて統括店長が警察に通報し、野宮の逃走劇は終わった。

マツダスタジアムへのアクセスにも都合の良い場所にあることから、デーゲームの前日夜からは利用者が増える。自由席の確保のため、夜のうちから仲間内でスタジアムの行列に並び、交代でカフェに戻り休憩するカープファンも多かったという。普段よりも賑やかな店舗に木村さんが出勤したのは、当日の朝9時。

このとき野宮はすでに入店しており、個室ブース内にいた。

「逃走中の容疑者に似ている」と木村さんが初めて思ったのは、その客がシャワーを使いたいと受付に申告したときだったという。

「個室席からそのお客さんが出てきて対応をした時に『似た人だな』と思ったんです。お客さんはマスクをしていました。それは珍しくはないんですけど、坊主頭だった。そのマスクから上のフォルムがなんとなく似とるな、と。シャワールームに案内したあと、数人いたスタッフに『あの人似てない?』って話していました。そのときはもちろん冗談みたいな感じです。まさかここにいると思わないですから。

『シャワーから出てきたら見てみて』と言ったりしながら、フロントのパソコンで事件を検索して、そこに載っとる顔写真をみんなで見て『すごい似とるんだって!』みたいな話をしていたんです」

すると野宮がシャワールームから出てきた。このときはマスクを外しており、顔が全部見えた。

「めっちゃ似とる」

スタッフたちの意見は一致。個室に野宮が戻った隙に、木村さんは他のスタッフとともに、端末で会員情報を見直した。ネットカフェには常日頃、警察からの手配書や尋ね人のチラシが届けられる。そのためスタッフらも、通常の業務として、違和感を覚えた客について端末で調べるという習慣があった。

野宮はこの店舗を初めて利用するため、入会申込書に氏名や住所を書き込んでいた。木村さんの出勤前に別のスタッフがこの対応を行い、野宮の持っていた保険証と照らし合わせていたという。その情報を確認した木村さんは、3つの引っ掛かりを覚えた。年齢、住所、そして筆跡だ。

「登録されてる会員情報の『年齢』を見たら、40歳代とかで、けっこう年齢がいってたんですよ。でも本人は、見た感じ、そんなにおじさんではなかったんです。あと、入会時に書いてもらった用紙を見直したら、犯人が潜伏していた島を渡ったほうの住所だったんで

『保険証、もしかして盗んできたやつじゃない？』とか『年齢も絶対違うと思うんだけど』みたいな話をコソコソとしていたんです。

それと、入会申込書の字がやたら綺麗だった。こういう店って、申込用紙は皆さん適当な字で書くんですよ。でもすっごいキッチリ書いてあった。こんな綺麗に書くかなっていうぐらいの用紙でした。受付したスタッフ曰く『書くのにすっごい時間かかってた』とは言っていました。たぶん保険証を見ながら書いていたんだと思います。適当な字で書かれた入会申込書の中にそれがあることで、逆に目立ちました」

野宮は、潜伏生活中に盗んだ保険証を用いてネットカフェの入会申込書を記入し、会員登録手続きを行っていた。しかし、顔が似ていることに加え、この会員情報や筆跡から、木村さんはじめスタッフたちは〝めっちゃ似とる〟という思いをさらに強め、ついに責任者に報告することにしたのだ。

「まず、昼出勤予定でまだ店舗にいなかった店長に電話をかけて『似てる人がいて、スタッフ皆も似てるって言ってます』と伝えて、そのあと事務所にいた統括店長に相談しました。どうしようか、みたいな話をしたんです。そうこうしているうちに、犯人が席から出てきたんですよ。なので、また事務所に行って『退店しようとしています、どうします?』と統括店長に判断を求めました」

木村さんの報告によって、フロントで客の顔を確認した統括店長は「似とるね」と、すぐに通報。木村さんは野宮の退店手続きを行ったのち、そのまま昼の休憩に入った。野宮の確保は、入れ替わりで出勤した店長からの電話で知ったという。

「店に戻ったら警察がめちゃ来て、話を聞かれました。その後テレビの取材とかもいっぱい来たんですけど、自分が対応したとは報道の方も分かってないんで『分かりません』って答えてましたね」

しかし現実的に考えると、「似ている」という報告を受けても、警察への通報は勇気がいることだ。違っていたらという不安がつきまとう。それでも通報を決めたのは、勤続年数の長い木村さんへの強い信頼があったからだと、店長は言う。

「木村さんは長く勤めていて観察力というか、そういったところは元々ある方だと思っていた。その木村さんが言うなら、あながち間違っていないのかなという信頼があった。仮に違っていたら違っていたで仕方ない、空振りでも、とりあえず一旦警察に連絡したほう

がいいかなと判断して通報を認めた記憶はあります」（店長）
尾道への上陸後、侵入した民家で盗んだ服に着替えていた野宮は、ネットカフェ来店時には「おしゃれな服を着ていた」というが、カープファンひしめく広島では、これが仇《あだ》となった。
「他のスタッフとも『おしゃれしてない？』って話になったんですよ。『普通の服着とるよね』って。その辺の服を適当に取ったわけじゃなく、ちゃんと組み合わせを考えとるみたいな感じの服装でした。でもデーゲームの日だったんで、逆に普通の服よりもカープのユニフォームを着てたほうが紛れられたと思います。そういう街なんで」（木村さん）

## なぜ逃げた？

〈捕まって最悪という気持ちはなく、とても安心しました。精神的にも体力的にも疲れてました〉

当の野宮は心身ともに限界を迎えていたようだ。

先にも少し触れたが、野宮が逃げた理由は、社会に近い環境で生活をする「開放型処遇施設」の状況に不満を持っていたからだ。彼の主張によれば、自分だけのためではなく、「大井を変えるため」に逃げたというのである。

「開放的施設における処遇及び保安警備等に関する検討結果報告」には、過去の大井の逃走事件についても記されていた。開所以来、大井では野宮を含め17件20名の逃走事件が発生している。

野宮の前には2002年8月、朝の作業開始時に隙をついて作業場のフェンスを乗り越え逃走したという事件があった。1時間20分ほど経ってから自ら110番通報し、逮捕されている。

この受刑者も野宮と同じように、逃走の動機に自治会の存在を挙げていた。

『①寮内生活のルールを実践できなかったことから、自治会の自治委員等の受刑者から繰り返し注意指導を受け、作業場から離脱したいとの気持ちが募った、②本所に送還してほしいとの意思を職員に申し出ることができなかった、③寮内で自治委員等の受刑者から寮内生活のルールを実践できなかったことへのペナルティーとして腹筋運動やスクワットを強要されたというものであったことが判明した』（報告書より）

当時の逃走事件を受け、松山刑務所長は再発防止策のひとつとして『自治会によるスクワットや腹筋運動等のペナルティーの実施を禁止』（同前）したという。

だが、のちに野宮も2018年に、大井での生活に悩み、逃走した。

また1996年、作業中に大井から抜け出し逃走した受刑者もいた。約1時間後には路上で発見され取り押さえられたが、この際に「先輩囚人の指導が気に食わず、塀のある松山刑務所に戻りたかった」と語っていた。「戻りたい」という思いから、徒歩で松山刑務所に向かっていたようだ。自治会は、表向きには責任感や自立心を養うための処遇とされていたが、実際のところはどうだったのか。

## 何が変わったのか

野宮の逮捕後、友愛寮は一旦使用が中断され、警備強化工事が進められた。工事完了後の12月に受け入れを再開。逃走防止のために投入された設備は厳重だ。

まず、逃走発生をすぐに把握できるよう、寮舎の外壁に赤外線センサーを設置。寮舎やその周辺にもセンサー付カメラが導入された。このセンサーは「センサー反応」「カメラが動体捕捉」「撮影範囲から消える」の3段階に分けて警報し、勤務している刑務官のスマートフォンに画像が送信される仕組みになっている。

窓にも対策が講じられた。野宮が逃げた1階の北側だけでなく5階までの全635枚の窓に防犯フィルムを貼り、ストッパーをつけて最大約10センチしか開かないようにした。受刑者が出入りするドアは生体認証による電子錠とし、指紋や静脈などが登録された刑務官しか開けられない。

「塀のない刑務所」としての開放的処遇は維持しながらの対策だ……と当時は報じられたが、実際には受刑者が自由にドアから出入りすることができなくなっており、これで開放的処遇といえるのかは疑問が残る。

ハード面だけでなくソフト面でも対策がなされた。野宮が逃走する原因となった集団生活のストレス軽減のため、寮の部屋はカーテンで仕切れるように。寮での生活は平日のみに変更し、週末は松山刑務所に戻って1人部屋で過ごせることになった。月に1～2回だった面談を5回以上に増やし、心理技官も交えて心情把握に努めることが決まったという。

「大井を変える」ための逃走の結果、実際に大井に大きな変化をもたらしたが、それが野宮の望んでいた形かどうかは分からない。また、そんな〝新しい大井〟をぜひ見たいと取材を申し込んだが「逃走に関わる取材依頼には応じられない」との回答だった。

## 捜査への不満

野宮の逮捕に大いに貢献した広島のネットカフェには後日、警察が挨拶に来たという。

「刑事さんみたいな人たちが菓子折りを持って来ましたね。『よく分かりましたねぇ』なんて言われましたけど、こんな自分みたいなスタッフが気づいたのに気づかなかったなんて、節穴だなって思いました」（木村さん）

また向島を訪ね、住民らに話を聞くことで浮かび上がってきたのは、捜索にかかる広島・愛媛両県警のピント外れな対応だった。

野宮が車を乗り捨てたのち、向島に潜伏していると睨んだまではよかった。のべ1万5000人以上もの捜査員を投入して島中を練り歩き、空き家を見回り、果てはヘリコプターでの監視――。

しかし、大掛かりな捜索が行われたのは、実は昼間だけだった。潜伏していた空き家から外の物音や様子を窺っていれば、警察の行動はほとんど完璧に把握できたに違いない。

野宮は、潜伏していた空き家を夜に3度も抜け出し、のんびりと夜風に当たる余裕すらあり、島を離れるときも夜のうちに海まで移動して、尾道に上陸していた。

「警察も、昼間はリュック背負って遠足みたいに皆歩いているんですけど、17時になったら撤収するんです。なので夜は出歩けるじゃないですか。それよりも夜にライトをつけて見張っとったほうがよかったんじゃないかなと、皆で話してました」(住民のひとり)

広島県警が「向島の防犯カメラに24日夜、野宮容疑者に似た不審な男が映っていた」ことを明らかにしたころ、すでに野宮は新たな潜伏先で数日過ごしていた。防犯カメラに映る野宮はジャージのような黒っぽい服とズボンを身につけ、雨が降るなかで傘をささずに歩いていたという。

近くの神社では26日に黒いジャージと寝袋が見つかったことから、野宮が着用していた可能性があるとして調べていたが、その後の足取りは全くつかめないまま、ゴールデンウィークに突入してしまった。

本来ならば観光客らが訪れる書き入れ時であるにもかかわらず、長きにわたる検問によって向島には「渋滞の島」というイメージが広がり、宿泊キャンセルや飲料の売り上げ減などが相次いだと報じられていた。

2週間潜伏していた向島の空き家を警察が改めて捜索したのは、野宮がすでに本州に上陸した後だった。人糞らしきものが見つかるという大捕物が繰り広げられた岩屋山の南側斜面に沿って並ぶ住宅の中にあるその家は、関西に居を構える夫婦が別荘として中古で購入していたものだった。

島の不動産業者が重い口を開いた。

「本来、別荘を求めて来るのは南側の海が見えるところが多いですね。ここは北側なんで反対側。そのご夫婦は、別荘とはちょっと違う、ふるさと的な意味合いでここを購入されたようです。あのへんで別荘としての利用は珍しいと思います。年に数回、帰って来ていたんですけど、旦那さんが亡くなられてからは戻られる頻度も減っていました。中は普通に生活できるものが全部揃っていて、電気や水道も通っていたんですが、結局なかなか来る機会が少なくなっちゃったから処分しようという話になっていたはずです」

住民たちは、口々に〝あの地域で別荘として使われていたのは珍しい〟と話す。

「あれだけ道具や食べ物が揃ってるような、ああいう状況はおそらくこの辺では稀ですね。だいたいは例えば大阪なんかに新しい家建てて、こっちに家を残している、おばあちゃんの時代の荷物がそのまま……とか、そういうのが多いです。ほかには、住んではないけど持ち主がちょこちょこ来ていたり、草むしりしているという空き家もあるし、完全に放置もある。持ち主が施設に入って家が傷み放題という空き家もあります」

家主は、玄関などは施錠していたが、風通しを良くするために1階風呂場の窓を開けて、網戸にしていた。野宮はこの窓から侵入したとみられる。逃走が大きく報じられた際、家主は不安を感じて相談したが、「異常はない」との返答だった。ところが逮捕後に県警から改めて連絡があり「野宮容疑者が隠れていた可能性がある。家の中がぐちゃぐちゃになっている」と伝えられたという。

警察は付近で窃盗が相次いでいたことから、22日頃にこの家を訪問したが、窓越しに家具などが見えたため、人が暮らしている家だと判断して、屋内には立ち入らなかった。その後、24日夜になって、野宮に似た人物が近くの防犯カメラに映っていたことを把握し翌日以降に再訪したところ、屋根裏に何者かが潜伏した形跡があるのを見つけたのである。

こうした〝空き家の捜索〟の内容に対して、住民たちは不安や不満を抱えていた。ある住民は、当時警察が捜索した空き家のひとつを示し、いまだ憤慨している様子でこう語る。

「見てください、これ。警察が調べた空き家には、こんなふうに、チェックしましたって分かるように日付を書いたテープを貼るんですよ。でも逆にそれって、ここが空き家だと教えているようなものですよね。そういう対応には皆、すごい不信感を持っていました。『ここは調べたから、もう警察は来ん、って教えとるようなもんじゃん。貼っとるところに入れば、いくらでも潜伏できる』と話していました」

野宮が潜伏していた空き家にも警察が一度訪れたということは、当時このテープが貼られていたことになる。だが内部を確認したとしても、施錠されていなければ、その後いくらでも出入りはできるだろう。

多くの地方都市に見られるように、向島ではドアや窓を施錠しない家も多いどころか、鍵をつけたまま停めている車もあった。実際にそんな車のひとつから、野宮は現金などを盗み、そして窓の開いていた家に入っていた。

しかも驚くべきことに、この騒動から2年が過ぎた2020年になってもまだ、この日付入りのテープがそのまま貼られている空き家がいくつもあったのだ。

「防犯面からも心配です。ここが空き家です、って分かるようになったままなのが怖い」

住民たちは当時の警察の対応に今も憤っているが、野宮に対してはまた違った感情を持っていた。

## 出てきたら、ご飯食べさせてあげるのに

不思議なことに、話を聞かせてもらった住民は皆、野宮のことを「野宮くん」「信一くん」と呼び、親しみを隠さないのである。

「野宮くんのこと聞きに来たの？　野宮くん、って島の人は皆こう言うね。あの人は悪い人じゃないよ。元気にしとるんかしら」

「信一くん、そんなん隠れとってもしゃあないから、出てきたらご飯でも食べさせてあげるのに、って皆で話してました。もう実は誰か、おばあちゃんとかがご飯食べさせてるんじゃないん、って。当時からそんなに、悲壮感みたいなものもなく」

「野宮くんは、あの海を泳いで渡ったんだから大したもんや。ここにおったのは、住み心

地がいいからやね。犯人が見てもわかるんじゃ。いいとこじゃけね。あはは」

潜伏中、島の住民たちは、彼がどこかでお腹を空かせているのではないか、と野宮の身を案じ、何か食べさせてあげるから、出てくればいいのに……と語り合っていたのだという。野宮は島を恐怖に陥れたわけではなく、逆に島の人々から心配されていた。

取材の合間に立ち寄った喫茶店では、こちらが問うてもいないのに、店主からこんな風に話しかけてきた。

「この辺はいいところでしょう。ここずっと行ったところに逃亡犯が潜伏しとったんよ。あの山の麓《ふもと》のほう、ほら」

もはやトークが〝仕上がっている〟様子で一部始終を語ってくれる有様だ。また、住民らにとっては、当時の報道の過熱ぶりも笑い話となっている。

「逃走のニュースが流れた日、子供が小学校に遅刻しそうになっていて、車で送ったところ、検問の関係で渋滞に巻き込まれて、かなり遅刻してしまったんです。泣きそうな顔で校門に駆け込んだところ、NHKかどこかの局のカメラが回っていて、その様子がニュース番組で流れたんですけど『小学生が怯えて登校しています』とナレーションがついてて、家族みんなで大笑いしてました。ただ遅刻して怒られそうだったからなんですけどね。その年の年末にも、1年間のニュースを振り返るみたいな番組でそのシーンが流れてまた大笑いしました」

ともあれ、こうした報道を見た野宮は、心を痛めて海を渡ったのだった。

また取材をしていると、住民たちの多くが、逆にこう尋ねてきた。

「いま野宮くん、どうしとるん？」

## 真面目な人間になりたい

日本中を騒がせた逃走事件を起こした張本人・野宮は、いま西日本の刑務所で服役中だ。

文通をしているとき、彼は私に「自動車整備士の資格を取りたいので参考書を差し入れてほしい」と頼んできた。これまで私が交流してきた被告人、受刑者は多くが読書に娯楽を求めるので、珍しいことだった。

過去に、私は「囚人たちの愛読書」と題した週刊誌の企画で各地の受刑者、被告人らに愛読書を尋ねる取材を行ったことがあった。刑事施設内で読書をするには、外の人間から差し入れてもらうか、自費で購入するかになるが、そのほかに刑事施設が貸し出す「官本」というものがある。

当時、ある受刑者は、その官本のなかでも「百田尚樹の『海賊とよばれた男』が特に人気があった」と教えてくれた。刑事施設の人気の書籍は、外の世界と変わりがない。東野圭吾や宮部みゆきの作品はもはや定番中の定番ともいえる。

こうした傾向があるため、彼らが書籍の差し入れを求めるときは小説や成年コミック、雑誌、またはグラビア写真集など……を求めるものなのだが、野宮は違った。

そして、長々と文通を行うことなく、更生に集中したいと伝えてきた。

〈ただただ1日を生活するんじゃなく、刑務所生活というのは毎日のように、なにかしらの変化や気付きがあります。そんな環境では、自分自身の成長というのがとても大きなものになります。しかし、それも自分次第ということなので、今は自己改善に集中して、真面目な人間になって、社会復帰を目指したいです〉

〈まだまだ長い受刑生活となりますが、事件で迷惑を掛けた方々に対しての反省、償いの気持ちを常に持ち続けて1日1日をしっかり意味のあるものにし、改善、更生に向けて頑

張っていきます〉

そして手紙の最後にはこうあった。

〈追伸。送って頂いた資格の本で、しっかり勉強して、必ず、社会で役立つものにしていきますので！〉

野宮の出所まで、２年を切った。

野宮捜索時、警察は向島の空き家をくまなく確認したという。当時貼られた「確認済」を示すテープはそのまま空き家の目印と化していた。

# 第3章

# 自転車で日本一周——富田林署逃走犯

行くぞ！　日本一周中　お助けお願いします——。

青いバックパックに貼り付けてある紙からは、こんなメッセージが読み取れる。大きな荷物を後ろに積んで、白いロードバイクを走らせるのは、丸刈りの、日に焼けた若者。

彼が警察署から逃げ出した「逃走犯」だと、一体誰が思うだろうか。

日本中の警察がその行方を追うなか、当人は姿を隠すこともなく自転車旅の若者になりきり、青空の下、行き交う旅人たちと談笑。記念撮影にまで応じる余裕を見せていた。

## 身柄拘束後に逃走する者たち

保釈後の逃走や、塀のない刑務所からの逃走は、その「逃げる」という行為自体についていえばさほど困難ではない。行為の難しさだけに注目すると、もっとも困難な「逃げ方」は、逮捕されて身柄を拘束されている状態からの逃走だ。

2020年6月、タクシーに無賃乗車したとして詐欺容疑で現行犯逮捕された当時45歳の男が、甲府警察署から逃走したことがあった。男は同署で取り調べを受けており、昼食をとるために別の取調室に移されていた。このとき、監視する男性署員のすきを見て逃走。

23分後に近くの甲府市役所1階トイレで発見された。

山梨県警はのちの記者会見で「あってはならないこと。県民に不安を与えたことを申し訳なく思っている」と謝罪した。後に指摘されたところでは、男性署員は当直明けで、居眠りをしていた可能性があった。

また、強姦致死罪で無期懲役囚となった喜納尚吾も、2014年の逮捕後、警察署から移送されて新潟地裁1階の部屋で勾留質問を受けている最中に、いきなり窓から飛び出し逃走したことがある。

逃走直後は現場付近をヘリコプターが飛び交うなど一時騒然としたが、ほどなく、地裁から東に約350メートルほど離れた新潟市中心部で、身柄を取り押さえられた。これにより、彼には逃走未遂罪が加わった。さらに2020年2月、喜納は別の殺人容疑でも逮捕されている。

彼らはいずれも警察署に身柄があった。見張りの署員が夜勤明けで居眠り中だったことや、勾留質問中は警察官が部屋の外で待機していたことなど、それぞれに隙をついて逃げ出しているのが特徴だ。

とはいえ、このような状況では、逃走自体をすぐに捜査員らに把握されてしまうため、確保も早い。だが、この男の場合は違った。

## 誰もいない面会室

2018年8月12日。お盆前日の日曜日夜に、山本輝行（仮名・以下同・当時30）は富田林署から逃走した。彼は大阪府内で盗品のバイクを保管していたとして、同年5月25日に現行犯逮捕され、富田林署で勾留中だった。その後3回の再逮捕、強制性交等罪や強盗致傷罪など、4つの罪で起訴。8日には別の女性への強制性交未遂容疑でも逮捕されていた。とんでもない凶悪犯だが、やはり、この日の富田林署も隙だらけだったのだ。

夜7時半頃、山本は弁護人と接見するために、手錠や腰縄を外した状態で2階の面会室に入った。中にいるのは、弁護人だけだ。

富田林署の面会室は、他の警察署にあるそれと同じ造りで、中央にある壁で留置場と場外が仕切られており、壁にはアクリル板がはめ込まれていた。刑事もののテレビドラマや映画のワンシーンでよく見るように、被疑者と外の人間は、このアクリル板越しに会話をする。弁護人との接見の際、警察官が席を外すのは刑事訴訟法の定めによる。一般の面会の場合は、この面会室の被疑者側の部屋に必ず警察官が立ち会うが、弁護人との接見は、立ち会いなしに行うことができるのだ。ここまでは、富田林署に何も落ち度はなかった。

そして、開始から2時間以上が過ぎた夜9時43分。接見が長時間に及んでいたことから、署員が様子を見に行ったところ、誰もいない面会室に気づいたのだった。容疑者側のドアは施錠されていたが、弁護士側は無施錠。アクリル板の下部が弁護人側に押し出され、幅約30センチの隙間ができていた。

面会室に接する控え室に置かれていた署員のスニーカーが消え、警察署の駐車場には山本が履いていたサンダルが残されていた。山本は、署員が同席しない弁護人との接見時を狙い、面会室のアクリル板を蹴破って、外に出たのである。

このようなケースでは、ときに弁護人も共犯を疑われかねないが、当時の報道を見るかぎり、弁護人はこの逃走について関知していなかったようだ。府警に対して、夜8時頃には接見を終えたと話している。となれば、接見終了から約1時間45分もの間、富田林署では皆が皆、誰ひとりとして山本に注意を払っていなかったということになる。

実は、ここにひとつの落とし穴があった。

多くの警察署には、弁護人側……つまり外側の面会室ドアに、面会人の入退室を知らせるブザーが取り付けられている。もちろん、富田林署にもブザーはあった。だが鳴らなかったのだ。1年以上前から電池が抜かれており、作動していなかった。ブザーと面会室のアクリル板は、府警本部が設備をチェックする際の対象に含まれていなかったことが後に明らかになっている。

## 警官は、アダルト動画に夢中

山本を逃した失態は他にもあった。富田林署では、勾留されている者が弁護人と接見する際、面会室の外で署員が待機することになっていたが、これは平日だけのルーティンだった。土日や夜間はこうした対応がなされないため、富田林署は、接見終了の際には署員に声をかけるよう、山本の弁護人に依頼していたが、義務ではない。その日、山本の弁護人は接見を終えても、署員に声かけをしないまま警察署を出たという。

その間、署員は接見の状況に注意を払っていなかったどころか、注意はむしろ別のところにあった。当時の留置担当だった巡査部長は、内規で禁止されているスマートフォンを留置場に持ち込み、逃走発覚までの1時間半以上もの間、アダルト動画を閲覧していたのである。

当の山本は、その日まで逃走を画策していた気配がみられた。勾留中に、留置場の担当署員に「ネジを飲んだ」と申告し、病院でレントゲン検査を受けたが、ネジは見つからず、体調に異変もなかったため、署に連れ戻されたことがあったという。府警の内規では、診察や検査時でも手錠や腰縄は原則的に外さず、2名以上が監視をする。このときも同様の対応が取られたことから、逃走する隙はなかったと考えられる。

また面会室からの逃走も、念頭に置いていたようだ。接見を重ねていた担当弁護人には以前から「面会が終わったことは、自分から署員に伝える」と話していたという。そのため、当日も弁護人から署員に接見終了を伝えることがなかったのだろう。

ともあれ、当日は富田林署の不手際も重なり、山本は逃走に十分な時間をかけることができた。面会室のアクリル板を蹴破り、隙間から這い出して、富田林署の外に出た。サンダルを脱ぎ捨て、盗んだ靴を履き、前代未聞の逃走劇の幕が開いた。

確保されたのは30分後などではなく、48日後だ。

## キャラ設定

関係者の証言や新聞報道から、明らかになった逃走経路は次の通りである。

富田林署から逃げ出した山本は、隣の羽曳野市でスポーツタイプの自転車を盗み、西に向かった。そして12日目の8月23日、しまなみ海道を抜けて、愛媛県今治市に上陸。移動距離はこの時点でおよそ340キロにおよぶ。

翌日の昼には、松山市の道の駅「風早《かざはや》の郷《さと》　風和里《ふわり》」に立ち寄った。サングラスを着用し、髪は丸刈り。ひとりで足を組んでソファに座り、観光地を紹介するパンフレットを見るなどして寛ぎ、女性従業員にサイクルマップは置いてないかと尋ねたのち、約20分で道の駅を出たことが分かっている。

この頃にはすでに「自転車でひとり旅」をしている男……という〝設定〟が彼の中で出来上がっていたのだろう。その日、風和里のお土産館にいた地元企業の男性は、山本と言葉を交わしたそうだ。

「事務所の従業員が、彼に地図の場所を聞かれたみたいなんです。私はたまたま納品してたんですけど、従業員が来て『どこに置いてあるか知らん？』と聞いてきたんです。私も自転車やってるんで。

その彼からは『自転車で回ってる』『四国一周する』と聞いたから、パワーある人やなと思ったんですよ。その自転車が、まさか窃チャリとも思わんかったしね。

ほいで、そのあとたぶん『愛媛県庁行ったらマップがあるよ』ということを言うた気はします。あの犯人はここを出てから愛媛県庁に行ってるでしょう。あれは、僕が言うたからだと思います」（地元企業の男性）

「自転車仲間」であるかのように振る舞い、男性からサイクルマップの場所を教えてもらった山本はその日の夕方、松山市にある愛媛県庁の自転車新文化推進課を訪れ、職員に話しかけた。

「サイクルマップはありませんか？　日本一周をしているようなプレートみたいなの作れませんかね」

こうして、職員からもらったラミネート加工済みの「日本一周中」の紙とサイクルマップは、キャラ設定のための大きな武器になった。

25日、愛媛から香川県に向かう途中で立ち寄った、県境にある道の駅「とよはま」で、山本はひとりの男性に声をかけた。

「ついていったらあかんかな？」

この40代の男性は、自転車旅をしている本物のサイクリストだった。

## 職務質問

「仕事を辞めて、日本一周をしようと思った」と偽りの自己紹介をした山本は、男性との2人旅を始めることに成功する。そして翌日には、三豊市の弥谷寺《いやだにじ》に到着。境内で休んでいたところ、お遍路旅の女性に話しかけられ「和歌山出身で、今日偶然知り合った」「日本一周している。愛媛の方へ向かう」などと説明したという。

山本は日を重ねるごとに、キャラクターをブラッシュアップしていったのか。

この時期には四国ならではのお遍路という要素まで加え、「和歌山県から自転車で日本一周の旅に出ており、お遍路のために四国を一周している」人物になりきっていた。設定が完璧だという気の緩みか、このときはサングラスもつけていなかった。女性が「フェイスブックに写真をアップしていいか」と尋ねると、2人は「いいですよ」と快諾している。

だが、2人旅は長くは続かず、わずか3日で解散となった。28日に「広島県三原市の道の駅での再会」を約束し、香川県内で別行動を取ることになったのである。山本はひとり、白いロードバイクで高知へと移動し、30日、須崎市の道の駅「かわうその里すさき」に立ち寄った。

ここで、最初の山場が訪れる。逮捕のピンチに見舞われたのだ。夜11時半ごろ、通行人から「道の駅に不審な男がいる」と、警察に110番通報が寄せられた。

2人の警察官が現場に駆けつけると、公衆トイレの裏にブルーシートを敷いて立っている山本がいた。トイレの水道で洗濯物を洗っているところだったという。そばには大量の荷物をくくりつけた自転車があった。

「日本一周をしていて四国に入った。八十八ケ所めぐりも兼ねている」

「和歌山から来た。ここで野宿するつもりです」

職務質問でのあまりにも堂々とした受け答えに安心した警察官らは、山本の乗っていた盗難自転車の防犯登録確認も行わず、その場を立ち去ってしまった。彼らにとっては身柄確保の最大のチャンスを逃したことになるが、命拾いした山本には、自転車旅という名の逃走を続ける幸運だったかもしれない。

この日には同じ高知県、田野町の道の駅「田野駅屋」にも立ち寄っていた。大きな荷物を積み、「日本一周中」のプレートをつけた白いロードバイクに乗っていた山本は「会社を辞めて和歌山県から旅を始めた。寺に泊めてもらいながら移動している」と、道の駅を訪れていた客に話したという。この頃には、お遍路で使うような笠も持っていた。

四国お遍路自転車旅の最終日である9月2日には、プレートを作ってもらった愛媛県庁を再訪。応対した職員に「今回のサイクリングの報告がしたい」と告げて「海がきれいだった」「道中でおもてなしを受けました」などと旅の思い出を語り「中国地方、広島のほうに行きたい」と、本州に戻っても自転車旅を続けるつもりだと語っていた。お遍路自転車旅に見せかけた逃走である。当然、八十八ケ所めぐりは完遂していない。

こうして再びしまなみ海道を渡って本州・広島県に戻り、以前に約束した三原市でサイクリストの男性と合流したのだった。

## メディアはどう報じたか

絶対にバレないという自信を得たのか。山本は、大和ミュージアムや原爆ドームを巡りながら自転車を西に走らせ、観光を楽しみつつ山口県へ。13日には岩国市に入り、錦帯橋を眺めるなどして過ごしたのち、18日から26日まで周防大島に滞在した。

こうした山本の足取りは、すべて彼が逮捕されてから判明したものだ。逃走後、新聞やテレビでは逃走前の勾留時に撮影された顔写真とともに、左ふくらはぎにウサギの刺青が彫られているといった山本の身体的特徴が幾度も報じられた。

それでもなかなか捕まらないことから、メディアの報道も迷走気味になっていった。『週刊アサヒ芸能』(9月13日号)によれば、山本にかけられた懸賞金目当てに地元の暴力団が動き出したのだという。

『大阪市内の建設会社が、脱走犯確保につながる有力情報に300万円もの高額懸賞金をかけていたことが判明。同社代表がSNSでそれを公表したのが、8月25日のことだ(…)くだんの「手配書」は「グループLINE」を介して、ヤクザ界にあっという間に拡散さ

れたという（…）かくして組織の垣根を超えた闇の「山本捜査網」が敷かれる運びとなったのだ』（引用部も仮名に変更・以下同）

記事では、匿名のジャーナリストが『半グレ連中を使って野宿できそうな場所を洗い出したり、脱走犯の知り合いを見つけて、何か情報を引き出すこともできるはず。また、山本は変装の名人だそうですが、ちょっとくらいのカモフラージュではヤクザの目はごまかせないでしょうね。情報収集能力において、ヤクザの右に出る者はいません』とまで解説していた。この『週刊アサヒ芸能』が発売になる頃、当の山本はそんな恐ろしき〝闇の山本捜査網〟をかいくぐり、自転車で本州に入り、広島を観光しながら山口を目指していたのだった。

2007年に千葉県で起こった英国人女性殺害事件でのちに無期懲役の判決を受けた市橋達也（逮捕当時30）が、約2年7ケ月におよぶ逃走生活のなかで整形手術を行いながら逃げ続けていたことや、変装したと仮定した合成写真などが公開されたことから、〝逃走犯は変装の名手である〟との先入観が警察にも、世の中にもあったのだろうか。

## 浮上した女装説

時を同じくして発売された『週刊現代』（9月15日号）では、なんとか足取りを摑もうとする捜査員らの奮闘が報じられている。目撃情報のあった地域で防犯カメラ映像を集め、日々3000時間を超える映像を数十人で割り振って「顔確《がんかく》」をしていたため『担当の捜査員は疲労困憊で、「写ってる男が、みんな山本に見えてきた」とぼやいています』と、集中力も切れるほど「顔確」に明け暮れていたようだ。

先の市橋達也の逃走時、市橋の部屋からは複数の女性用カツラが発見された。女装して逃走している可能性を視野に入れた千葉県警が「女装のイメージ写真」を公開していたことがあった。

同様に『週刊朝日』（9月21日号）では、山本の逃走に際しても『「女装」しているという情報があり、さらに混迷を深めている』と報じていた。

『大阪の女装が趣味という人が集まる飲食店でも府警が聞き込みに来たという。

「山本容疑者が女装してないかと聞いてました。こういう場所ではみんな本名なんて名乗らないし、わからんわ」（店員）』

女装説は別の記事にもあった。山本の故郷・松原市の住民が『週刊女性』（9月25日号）にコメントしている。

『「これはウワサやけどな、市内のファストフード店にも容疑者が女装して来たらしいで。警察が聞き込みに行ったって聞いたわ」』

と思いきや、つい先週は顔確に疲れた警察官たちを描いていた『週刊現代』（9月29日号）が、今度は「逃走犯・山本は新宿にいる」と題した記事を掲載した。

大阪の防犯カメラ映像に山本の姿が全くないことから『すでに大阪から脱出している可能性が濃厚だ』と仮定したうえで、かつて山本が「東京に頼れる先輩がいる」と受刑者仲間に話していたことから、東に逃げたのではないかと想像を逞《たくま》しくして——具体的に、東京の新宿ではないかとした根拠を次のように挙げていた。

『これまで、新宿には多くの逃亡犯が潜伏していた。もっとも記憶に新しいのは（…）市橋達也受刑者だろう。市橋は一時期、新宿2丁目に潜伏していたとされる。

「府警は、山本が女装して逃走を続けている可能性を念頭に置いたうえで、捜査を続けています。山本は女装が得意で、普段から冗談半分で女装していたという話もある。『女装して逃走』という点は、市橋と共通しているのです」（捜査関係者）』

雑誌だけなく、テレビのワイドショーでもいよいよ「女装した山本のイメージイラスト」が紹介され始めると、『週刊実話』（10月4日号）も「新宿2丁目説」を〝4つの捜査情報〟のひとつとして挙げ、ゲイの情報サイト関係者による次のようなコメントを紹介した。

『「あの子、よく見ると『嵐』の二宮和也君似のかわいい顔立ちだから、メークすれば別人になると思う。警察が合成の手配写真を出してたけど、バカよね。あんなの出したら、違う感じにメークするよね」』

女装して新宿に潜伏している説に捜査員が引っ張られ、それをメディアが報じるなか、当の山本は騒動をあざ笑うかのように自転車旅を装い、逃走を続けていた。周防大島では、和歌山から自転車旅を続ける「櫻井潤弥」なる人物になりきり、人や自然とのふれあいを謳歌していたようだ。

三原市で合流したサイクリストの男性とともに山本が滞在していたのは、周防大島中部にある道の駅「サザンセトとうわ」だった。

## 逃走犯とは風貌も違うし、2人組だし

2018年の周防大島は、様々な騒動に見舞われた1年だった。山本が富田林署から逃走した8月12日には海水浴に出かけた2歳の男児が行方不明になり、15日に〝スーパーボランティア〟尾畠春夫さんが山中で男児を発見するという大騒動が起こった。

その翌月、逃走中の山本がこの島に立ち寄っていたことが判明したのだ。さらに10月、周防大島町と柳井市を結ぶ大島大橋に巨大貨物船が衝突し、町のほぼ全域約9000世帯、1万4600人以上が40日もの間、断水に悩まされることになった。

「あの年の大島は、大変でした」

そう振り返ってくれたのは、事件の数年前にUターンで周防大島に戻ってきた「サザンセトとうわ」支配人の岡崎竜一さんだ。自身も自転車が趣味であったため、「周防大島を自転車の島にしたい」という思いを抱いて協議会を立ち上げ、様々な取り組みを始めようとしていたところだったという。

「大島には、サイクリングや自転車の旅で来られる方が多いので、そういう人たちが来ら

れていたら、今どういうサービスが必要なのかを聞くために、声をかけるみたいなことをしていたんです。それが始まった直後ぐらいでしたね、彼らが来たのは。朝出勤したら、チャレンジショップの前にいたんですよ。けっこう大きな荷物積んでたから、どっかから日本一周とかしてるのかなと思って」（岡崎支配人）

岡崎さんは、山本と男性の2人組に声をかけた。サイクリストにとって魅力ある島について、ヒアリングをするためでもあった。

「もちろんその時期、私も事件のことは知ってたんですけど、風貌も違うし、しかも2人組。話しかけたら気さくに、すごくオープンに話してくれたので。自分がこう来てこう来てっていうルートもしっかり話してくれるんです。で、まあ仲良くなったっていうか、1日目に『1泊させてもらっていいですか』って言ってきたから、いいよー、っていうぐらいの感じで。

ほんで2日目、3日目ぐらいかな。まだいるんで（笑）、どう？　行かないの？　っていう話をしたら、『いや、大島ってすごい居心地がいいから、もうちょっといさせてもらっていいですか』って言うんですよね」（同前）

全国各地に１１９４ケ所ある道の駅は、基本的に３つの機能を備えている。24時間無料で利用できる駐車場やトイレなどの「休憩機能」。道路情報、観光情報、緊急医療情報などの「情報提供機能」。そして文化教養施設、観光レクリエーション施設などの地域振興施設で地域と交流を図る「地域連携機能」である。

利用者は、車のドライバーだけではない。サイクリストらも休憩に訪れる。特に、長距離移動中のサイクリストたちにとっては、屋外ではあるが雨風をしのげること、いつでもトイレが使えることなどから、テントを張ったり、屋根の下にシートを敷くなどして宿泊する場所としても利用されている。案内図や地図も置いてあり、次に目指す道の駅の情報も得られる。

山本と、同行者の男性も道の駅をそのように使っていた。この年は県内の道の駅スタンプラリーも行われており、客を迎える側の岡崎さんにとっても、サイクリストの宿泊客は珍しくはなかった。

山本たちは連泊しながら、海で釣った魚を食べ、飲食店のアルバイトと会話を楽しみ、島を自転車で散策。のんびりとした日々を過ごした。

## 君は第1号だから

「彼の方から『僕は携帯を持ってないんです』と言ってきたんですよ。でも携帯持ってないなんて、不便じゃないの？　って聞いたら『前に勤めてた会社を辞めて、日本一周を始めたところで、それで友達に面白がって来られたら嫌じゃないですか』っていう話をしてて。まあ、よくできた作り話なんですけど」（岡崎支配人）

逃走犯という素性を隠すため、山本は細かな設定を練り上げていた。

「で、携帯持ってないのは、まあ分かるとして『身分証明書とかそういうの持ってないんです』って自分の方から言い出して。保険証も持ってないっていうんですよ。さすがに保険証持ってないのはまずいんじゃないの、って言うと『大丈夫っすよ』というそんな感じだった。怪我したらどうすんのよ、って言ったら大丈夫大丈夫、って。家に帰ってアレしますから、みたいに言ってましたよ。

なんでそんなことをわざわざ説明してくれたかと考えると、やっぱり、自分の所在や自分を証明するものは全くないんですっていうのを、僕に訴えたかったのかなと思いますね。

そのときは写真撮るときに口を隠してるんですよね。自分で口に特徴があると思ってたのかどうか知らんですけど。サングラスもずっとしていたんで。来ているお客さんと話すときはサングラス外した方がいいぞっていう話をしたんですよね」（同前）

どれもこれも真っ赤な嘘だったが、人の良い岡崎さんは山本の設定を疑わなかった。2人の間には、徐々に交流が生まれた。

「次の日が雨だったんですよね。彼らは外で寝てたんですが、雨のなかだと大変だろうなと思っていた。ショップのそばにレンタサイクルの倉庫があるんですが、当時まだレンタサイクルはスタートしておらず準備中だったんです。その倉庫が丸々空いてたんで『雨降るんだったらここに泊まっていいよ』って言ってやったら、もうえらい喜んで。

その次の日かな。『泊めていただいたお礼に何かさせてもらえませんか』っていう感じで来て。といってもね、ここで商品売ってもらうとかそんなことできないんで、草むしりをお願いしたんです」（同前）

午前中に道の駅の草むしりを始め、終える頃には昼になっていた。汗びっしょりの2人に岡崎さんは400円を渡し「シャワー浴びておいで。帰ってきたらご飯でも奢るから」

とねぎらったという。汗を流した2人に、2階の飲食店でカツとじ定食を奢った。

「その後、私が出張に出て、美祢の道の駅に行ったんですが、そこの道の駅というのは日本一周の旅人たちを受け入れるというか、来る人みんなの写真を撮ってあげて、スクラップにしてるんですよ。それがずっと昔から続いていて、日本一周する人たちにとってはもう知る人ぞ知る場所というか、そこに行って写真を撮ってスクラップを作ってもらって、また旅立つんですよね。

駅長さんと話している時にその話題になりました。周防大島は、日本一周の旅の人からすると、わざわざ足を延ばさなければならない場所なんで、さすがになかなか来ないんですけど『でも今うちに泊まってるんですよ』って話をしたんです。『日本一周している子がいまちょうどいて、美祢と同じように、写真を撮るようなことを、うちも真似してやっていいですか』って聞いたら『いいよ』って快諾してくれたんですね。で、大島に帰ってきたらまだいたから(笑)。これを作ったんです」

一旦話を止めた岡崎さんが、事務室からプレートを持ってきてくれた。

只今、自転車にて日本縦断中！

このプレートを持って写真を撮影した9月25日、岡崎さんは山本に言った。

「君は第1号だから」

こうして山本は、サザンセトとうわを訪れた自転車日本一周の旅人・第1号となった。

翌日、2人組はようやく周防大島を後にし、次の目的地、上関の道の駅「上関海峡」へ。店舗の軒先でテントを張って野宿したのち、29日の朝、雨が降るなかを西に旅立った。

山本が逮捕されるまで、あと半日。

この日の夕方、食料調達のために訪れた周南市の道の駅「ソレーネ周南」で、山本の旅は終わる。富田林署から、1000キロ以上も移動していた。

道の駅のショップに入店した山本は、弁当や餅などの食料品をポケットに入れて万引きし、そのまま店外へ出たという。巡回中の万引きGメンがこれを現認し、声をかけたことが逮捕につながった。万引きGメンの仕事上がりは午後6時。現場を離れるわずか5分前の出来事だった。

## ウサギの刺青

「その日、僕は休みだったので家でテレビを観ていたんです。そうしたら県内で逮捕されたという速報が流れて。どこだろうね、なんて家族と言っていたら警察担当から電話がかかってきて『周南でした。すいませんがソレーネ周南まで行ってもらえますか?』と言われて、わかりましたと現場に向かったんです」

逮捕の知らせを受けて、道の駅に駆けつけた地元紙の記者から、当日の様子を聞くことができた。四国で、お遍路を偽装している最中に起きた職務質問には堂々たるそぶりを見せた山本だったが、ソレーネ周南ではひどく抵抗したようだ。

「現場で話を聞くと、万引きGメンが確保した山本をバックヤードに連れて行ったそうなんですが、結構暴れて逃げ出そうとするということもあったそうで、机でバリケードを築いて警察の到着を待っていたそうです。

でもそのとき、誰もその万引き犯が山本だということは分かってなかったはずです。ただ『万引きで捕まっただけなのに、何でこんなに暴れるんだろうな』と思ってはいたらしいんですよ。そんなに暴れなくても、おとなしくしていればそのまま解放ということもあり得たと思うんですね。駆けつけた警察官が気づいて、道の駅の方々もハッとしたという、そういう感じだったと聞いています」

警察官が気づいたきっかけは、ウサギの刺青だった。山本はバックヤード内で、左のふくらはぎ付近を手で押さえて離さなかったのだ。不審に思った警察官が手をよけさせて確認すると、刺青が見えた。

山本が自転車旅を装って逃走していたと分かったのは逮捕後だ。ソレーネ周南の従業員や、万引きGメンらはその時、自分たちが確保した万引き犯がまさか日本中を騒がせている逃走犯だとは思いもしなかった。

現地の別の記者も、突然の展開に驚いていた。

「窃盗で逮捕されたとの連絡を受けて、大変な日になるなと思い周南署へ向かいました。夜に副署長が周南署で取材対応を行い、囲み取材のような形になりました。ソレーネ周南での窃盗のほうももちろんですが、山本がなんでここにいるのか、そういうことがまだ全然分かっていなかった。

台風の日だったんですけど、大阪府警から身柄を取りに来る捜査員の到着が、夜中の4時か5時くらいでした。移送の様子を撮影しなければならないので、ものすごい風の強いなか、外で記者たちと待っていた記憶があります。あと確か新幹線の最終便で大阪からも記者が大勢やってきて、福岡からも来たりと、周南署にあそこまで人が集まるというのはなかなかないんじゃないですかね」

逮捕後、慌てて防犯カメラを見直したことで、山本による万引き被害にようやく気づいた店舗のひとつが、ソレーネ周南に向かう直前に野宿していた道の駅「上関海峡」だった。

「捕まった次の日は、台風が来ていて店を閉めていました。そこに台風の情報を扱う地方のメディアの方がたまたま来られて『そういえば周南で捕まったけど、ここに来てなかったかね』という話になったんです。そこで『防犯カメラ見てみようか』と見たら映っちょったわけ。

分かっているだけで2回。タコ飯をお腹に隠して盗ってるのは見えたかな。あとパンと、コーヒー。お茶も盗ってた。目はサングラスをして、色黒で、ウインドブレーカーみたいのを着ちょったんかな。金額にしたら知れとるよ、2000~3000円だもん。上手っ

ていうか、店の中に来てレジのスタッフと話をしとる。そうするとスタッフも気が緩むのよ」（駅長・高津京介さん）

## あっちのほうが怪しかった

のちの捜査で徐々に足取りが判明してゆき、サイクリストを装い観光まで楽しんでいたという大胆さが分かると、さらに報道は過熱した。山口県内、四国の道の駅には取材陣が連日訪れたという。

取材対応に追われたサザンセトとうわの岡崎支配人は、逮捕のニュースで山本の顔を見ても、それが道の駅に連泊していた「櫻井潤弥」であるとすぐには気づかなかった。

「朝のニュースで逃亡犯が捕まったってニュースをやっていて、そのときはボーッとテレビ見てたんですけど、全然分からなくて。初めは顔を隠して警察署から出て来たところが映ってたから、山口県まで来てたんだなあっていう感じだったんですよ。で、パッと自転車が映って『ああ～っ！』と思って。自転車で分かりましたね。ええ～！　って。

あの日本一周のプレートを持った写真は、当時フェイスブックにアップしていたんですよ。『自転車で日本一周の子が来ています』っていう感じで。でも誰もすぐには気づかなかったですね。いや、手配写真と印象が全然違うから」（岡崎支配人）

山本と接した人々は、彼が〝噂の逃走犯〟だとは思ってもいなかった。それだけに驚きも大きかっただろう。なぜか、山本と旅を共にしていた同行者について「あっちのほうが怪しかった」「全然話をしない人で、接しづらかった」などという声もあった。

その同行者、当時44歳の男性は、自転車を盗んだとして占有離脱物横領容疑で山口県警に逮捕されたが、のちに釈放された。釈放後の記者会見の様子を報じた毎日新聞と山口新聞によれば、彼も山本が逃走犯だとは「全然気づかなかった」と語っている。「子どもっぽく、よくしゃべるのでうっとうしいと思うようになった」ともいう。

スーパーや道の駅で肉や米、駄菓子などを購入していた山本について「必要のないものまで買っていた。日本一周はできないだろうと思った」と振り返り、「日本一周をしている人に迷惑だ。それが一番腹立たしい」と憤っていた。

堂々と振る舞うことで同行者や行き合う人を欺《あざむ》き、捜査の目を逃れ、周南市まで自転車を走らせた山本本人は、何を思い、逃走を続けていたのか。

本当に目指していた先はどこだったのか。

〈目的地がない移動です。自首する勇気もなかったので捕まるまで行くあてなく彷徨《さまよ》っていました〉

便箋を開くと、びっしりと埋められたクセのある鉛筆書きの文字が目に飛び込んできた。

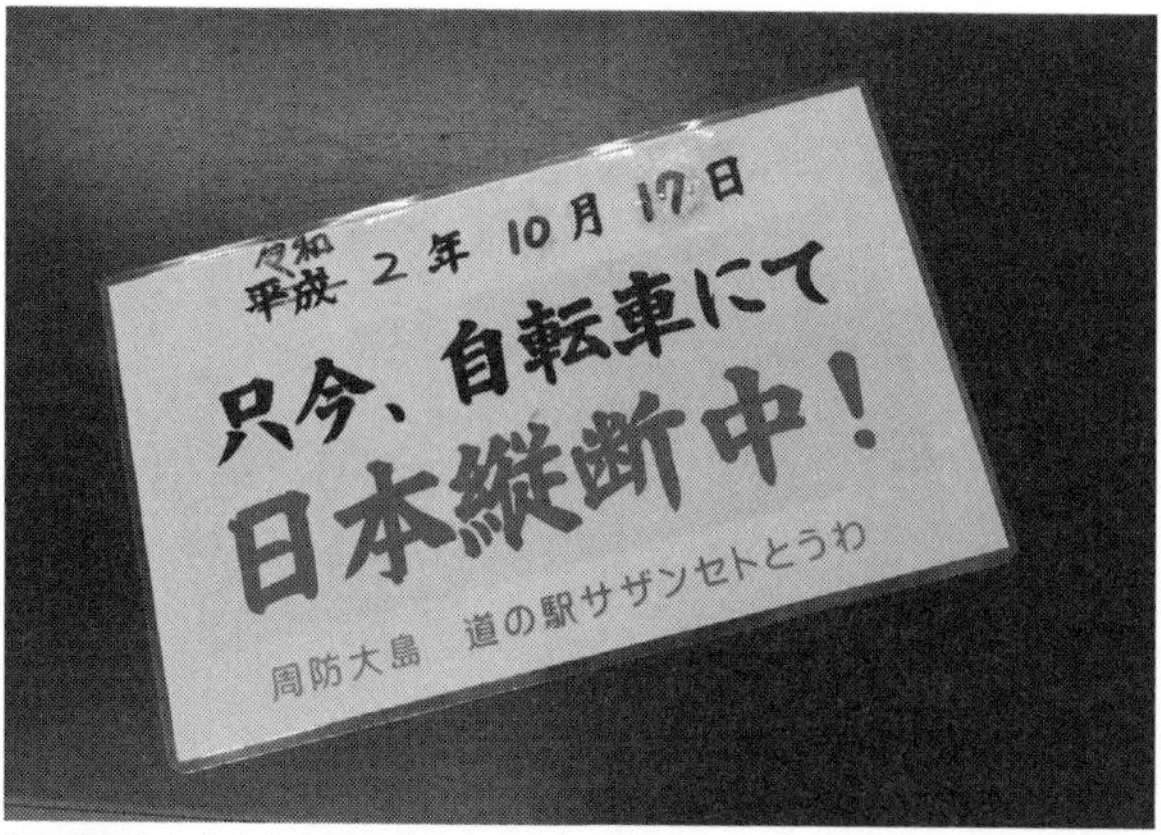
令和
平成 2年 10月 17日
只今、自転車にて
日本縦断中！
周防大島　道の駅サザンセトとうわ
「サザンセトとうわ」で、サイクリストたちはこのプレートと一緒に記念撮影するという。山本はその第1号となった。

# 第4章
# 手記を得る——富田林署逃走犯

盗んだ自転車で関西地方から四国、中国地方へと向かい、山口県周南市で逮捕されるまでの49日間で、計1000キロ超を移動。この間、大阪府警が投入した捜査員は8万7000人――。

前代未聞の大捕物を引き起こした山本は、まず2018年8月12日の夜、富田林署面会室のアクリル板を蹴破り、警察署の外に逃走。隣の羽曳野市で自転車を盗み、堺市に向かった。

彼がどこを目指し、どんな日々を送っていたのか。それを聞くために、私は1年以上かけて、山本と面会や文通を続けた。そして最終的に、逃走の経路や当時起こった出来事が詳細に綴られた手記を入手したのだった。

〈署を出てからは、羽曳野市まで行ったあとは、中央環状線を西に向かいました。夜なので車の流れはありましたが、住宅街は人も見かけなかったことを覚えております〉

運動量の少ない勾留生活から一転、サイクリストの旅人になったことで、身体も悲鳴をあげることがあったという。

〈同じところに一人のときは長期間滞まりたくなかったので、大阪を出てからは移動し続けていました（…）初めの頃は筋肉痛や長距離移動で足がつることもありました。自転車で峠を下っている時にブレーキのワイヤーが抜けて前輪がブレーキをかけられなくなり、あと少しで谷に落ちるところでした〉

逮捕後に、山本は全部で21件もの事件で起訴された。

これには逃走中の自転車窃盗や、道の駅などでの万引きなどに加え、逃走前に犯したとされる強盗致傷や強制性交等、強制わいせつなどの罪も含まれている。もっとも当人は、その全ての容疑を認めているわけではない。彼が認めているのは逃走前のナンバープレート窃盗や、逃走中の窃盗、万引きなどだ。

〈万引きして食べてたこともありました。自炊できる食材を買うこともありました（…）バーナーと（アウトドア用の）クッカー・フライパンを使用して調理していました。その他、出会った人から食べさせていただいたり、食材をいただいたり、カキやサザエなど海で採ったものを食べてました。潮が引いている時に海岸に行き、岩礁やテトラポッドから採っていました〉

「和歌山からの自転車日本一周旅」という偽りの設定を出会う人々に信じこませ、立ち寄る店舗でたびたび万引きをしていた。この設定は盗んだロードバイクを西に走らせ、行き交う人と話をするなか、徐々に固まったもののようだ。時に〝なりたい自分〟になりきってコミュニケーションをとっていたともいう。

〈「仕事を辞めて日本一周している」と話すようにしていました。本当の経歴、資格を話すこともあれば、理想とする自分を話しているときもありました〉

## 幾度となく職質をかいくぐる

手記には、身バレのピンチについても書かれていた。それも1度や2度ではない。行く先々で怪しまれつつも、周南市までたどり着けたのは、悪運の強さも味方していたとしか思えない。

道中に出会う人々との会話では、未だ逮捕されていない〝噂の逃走犯〟が話題に上ることもあったという。

行き合う人に疑われるだけでなく、警察に怪しまれたのも、高知県での1回だけではなかった。彼にとって最大のピンチだったであろうこれらの瞬間について、山本自身の文章は淡々としている。

〈堺の公園では警察とすれ違ったこともあります。焦って逃げることも怪しくてできませんし、これで捕まったら終わりという心境でした（…）大阪の海岸で警察に声をかけられたり、高知で職質、尾道でも職質、山口では警察と話すこともありました（…）道の駅（高知）で夜テントを張っていると「何をされているのですか」と職質されました。自転車でお遍路をしていると言うと、「このあたりは暗いので気をつけて下さい」と言われて終わりでした〉

手記の情報に基づけば、山本は逃走中に全部で5回も警官から声を掛けられたことになる。しかし、その職質を彼は全てかいくぐっている。それは、山本のかわし方がうまかったからなのか、あるいは警察の側に何らかの問題があったのか。

逃走中の状況を説明する手記には、頻繁に謝罪の言葉が盛り込まれていたが、私は彼の言葉を鵜呑みにすることはできなかった。例えば「捕まってもいい」と書きながら、ソレーネ周南で万引きGメンに呼び止められ、バックヤードに連れて行かれた際には刺青を隠しながら激しく抵抗していた。手記の内容と実態のズレが気になってしまう。何より、彼はこれまで綴った逃走時の出来事をすぐに手記にまとめてくれたわけではない。むしろ、聞き出すのは簡単ではなかった。

私が初めてコンタクトを取ったのは2019年1月だった。小学館の『週刊ポスト』に掲載したいので手記をまとめてほしいという申し出をしたが、それを受け取るまでの約1年半の間に、山本の様々な面を嫌というほど見せつけられた。

## 交渉開始

山本は逃走したとき、野宮信一のような既決囚ではなく、裁判を待つ被告人だった。しかも、起訴事実を認めているわけではない。そのため、メディアを使い自分の主張を広く知らしめたかったのだろう。こうして、逃走手記を得るための交渉が始まった。

まず要望に一部応じるかわりに、こちらも頼み事をすることにした。他社との文通や面会は控え、私とのやりとり一本に絞ってほしいという要望だ。彼に対しては当時、私と同じようにコンタクトを取っている記者がいたことを知っていたためである。たとえ手記を得られて記事にしたとしても、同じものが他社にも渡っていれば、他の新聞社やテレビ局の報道に埋もれ、さほど注目はされないだろう。

すると山本からは、その返事については待ってほしいとの回答が届いた。私がフリーランスのライターであること、週刊誌の取材であることから、記事を出した時の影響力を計りかねているようだった。私は著名なジャーナリストではない。彼の思いは理解できた。しかし、今度は山本の方から〝保釈保証金の支援〟を持ちかけられてしまった。

返信を出すのが遅れていると、また手紙が届いた。さらなる念押しである。しかも、保釈に協力すれば、私の取材に優先的に応え、先行して記事を出せるようにするという。優遇してくれることはありがたいが、保釈保証金の支援には当然、応じられない。なので〝特定の人間を支援しながらその人の記事を書くことは公平性に欠ける〟と、きっぱり断ったのだが……彼の要求は止まらなかった。

有名実業家や有名企業の住所を調べて欲しい、といったものや、各社に送付するためのアンケートの作成やプリントアウトなど、こまごまとしたことを頼んでくる。

しかも、1度断った〝保釈保証金の支援〟も、なかなか諦めてくれない。支援が叶えば、優先的に取材に応えるだけではなく、私が山本のマネジメントを行い、報道各社をコントロールすることもできると持ちかけてきた。

いちいち腹を立てては物事が進まないが、少し腹立たしく思った。彼の求めに応じることができるのは取材者ではなく支援者だろう。どうやら山本には〝遠回しな断り〟は通じないようだ。もうこの時点で、お互いの条件が折り合わず、取材が終わっても仕方ない、という腹も決まった。意を決して、こまごました頼み事や、保釈保証金の支援、全てを断る手紙を送った。

『先日もお伝えしたように、保釈保証金を小学館が払うことは不可能で、また、私が借金をして保釈保証金を用立てることもできません』(2019年10月送信)

返信が途絶えるのも覚悟の上だったが、意外なことに山本からは返信が届いた。強い気持ちがあるからこそ、これまで長々と続けてきた保釈保証金に対する要求だったはずだろう。にもかかわらず、拍子抜けするほどあっさりとこちらの言い分を了承した。

だが、これにて一件落着……とはいかない。手記を書いてもらえないまま、文通を始めてから5ヶ月になっていた。それなのにまだ〝保釈保証金を負担することや、有名人の連絡先リスト作成を諦めてもらう〟ことしかできていない。先を思うと暗い気持ちになった。

これまでの山本は、こちらが折れなければ何度も同じ要求を行い、さらにそのうえで並行して複数の別の要求をしてくる。今回も、保釈保証金などについてはこちらの返答に理解を示す様子を見せたが、案の定、新たな要求がきた。今度は保釈の際の身元引受人になってほしいというのである。

また断らなければならない。

こんな調子で、お互いの要求が折り合わないまま、10ケ月が経過した。私は考えた末、2019年12月にこんな手紙を送った。山本からは手を引くことに決めたのである。

『私が最初からずっと伝えておりますのは「山本さんの手記を週刊ポストで出せるかどうか」の一点です。

難しければ、そのようにお答えください。

他の新聞社さんとのご関係についても記述されておりますので、そちらのほうが旨味があると判断されるのであれば、そうなさっていただいて構いません』

すると同年末にようやく「手記を書いてもいい」と返信があったのだった。

先に述べた通り、山本は逃走中の万引きや窃盗、そして逃走前の一部の窃盗などは認めているが、その他は全て否認している。自分は犯人ではなく、冤罪である……という主張だ。しかし、この訴えは一審ではほぼ認められなかった。大阪地方裁判所堺支部は山本が問われている21件の罪のうち、加重逃走や強制わいせつ、窃盗を含む18件について裁判官だけで区分審理を行い、2020年5月に17件を有罪とした。

区分審理とは、複数の事件に関与した被告人の裁判を一括で行うと長引く可能性のある場合に、裁判を分けて実施する制度のことである。山本の場合は、逃走時に犯したとされる事件や、逃走前の裁判員裁判対象ではない事件が区分審理となっていた。

そして翌月からの裁判員裁判では、逃走前に犯したとされる強盗致傷罪など3件を審理し、7月に懲役17年の判決が言い渡された（求刑懲役18年）。「本件の犯人が被告人であることには合理的な疑いが残る」として無罪となった2018年5月1日のひったくり以外は全て、山本が犯人であるという判断である。

これを不服として山本は控訴したが、2021年7月に大阪高裁は棄却。山本はさらにこれも不服と上告していた。

一審公判を傍聴した在阪の司法記者は、法廷の警備のものものしさが記憶に強く残っているという。

「面白かったのが初公判のとき。刑務官だと思いますが、制服の職員が4人、さらに私服警官4人、合計8人に取り囲まれて入廷してきたんですよ。

私服のほうは先に入ってきて、傍聴席と法廷を分けているバーがあるじゃないですか。あのへんに立ってなんか目を光らせてるんです。警察署から逃げてるでしょ。法廷でまた逃げられたら大失態じゃないですか。それにビビったんじゃないかとか言って、記者たちと盛り上がったんですけど。

私服警官は裁判が始まったら、傍聴席の最前列端っこに座ったり、扉の前にひとり立ったりとかして『絶対に逃がさへんぞ』みたいな（笑）。立ったり座ったりと、落ち着かなかったです。めちゃくちゃガタイがいいし眼光鋭いし、怖かったですね」

刑事裁判では勾留されている被告人には2〜3人の職員がつくことが多い。8人という人数は、もう二度と逃がさないという決意の表れだろうか。

## 謎の犯罪者

公判で山本は、逃走前に犯したとされる強制性交等罪などのわいせつ系事件については「ヨダソウマ」なる人物がやったものだと主張していた。

「平成30年5月、通天閣の横の階段に座ってたら声かけられて『何してんの、暇やったらコーヒーでも飲みに行かない？』と言われて一緒に喫茶店に行ったら、ヨダから『男に興味がある』と言われて、路地の方に行って、ヨダの陰茎に唾を吐きかけるよう求められたと。そのあと、また会いたいと言われ2週間後に会う約束をしてその時は別れたというような話をしていました」（前出・司法記者）

山本の主張では「自分と会った直後に、そのヨダソウマが一連の犯行を犯した」のだそうだ。

「強制性交のときもその直前にヨダと会って、同じバイクに乗っていたそうで。ヨダはその頃、服装とかも山本の真似をし始めてきていて、そのバイク乗るのに使っていた手袋が入れ違ってしまったと。だから手袋に山本のＤＮＡがついていたのも入れ違ったから、や

ったのはヨダだという、そういう言い訳ばっかりしていましたね」（同前）
山本は、富田林署の面会室から逃げ出した時も「知らないおじさん」がアクリル板を壊してくれたのだと主張していた。
「彼が言うには170センチ以上の細身で黒髪の短髪、白いマスクをしていた30〜40代後半ぐらいの知らない人が面会室に入ってきたらしいですよ。それで『接見終わったか』『ちょっと待ってな』とか言ったのだと。山本が突っ伏して居眠りしてると、作業音がガサゴソ聞こえてきて、気がついたらアクリル板が外れてたみたいな。気にならなかったのかと聞かれて『特には気にならなかった』とか答えてましたね」（同前）
公判を傍聴していた傍聴マニアらは「あいつの言うことは嘘ばっかりやから、次からもう傍聴しない」と呆れていたという。
「ヨダソウマ」を逆さにすると「マ、ウソダヨ」と読める……警察幹部がそんなコメントをしている報道もあった。私はこれらの記事のコピーを山本に送った。すると、憤慨した様子で『余田聡馬』について語る返信が来た。
ヨダソウマが『余田聡馬』という字であることは、新聞記事には掲載されていない。仮に、ヨダソウマなる男が実在していて、その漢字まで知っている仲だったのであれば、知りうる限りの情報を捜査機関に伝え、取り調べをしてもらうよう求めればよいのだが、『余田聡馬』の存在はいまだ明らかにはなっていない。

## 1億円の保釈保証金

私はこうして得た山本の手記を、区分審理の判決後、裁判員裁判の最中に週刊誌に掲載した。逃走中の生活をまとめたものだ。山本にお礼の手紙と掲載誌を送付すると、怒り心頭の返信が届いた。記事に「クセのある字」と書いたことを気にしているのか、今までと明らかに違う丸文字だった。

彼がやり取りをしてメリットを感じる相手は「保釈保証金を出してくれる人間」と「身元引受人になってくれる人間」だけであろう。保釈後に被告人が逃亡すると、保釈保証金は没収される。そもそも逃走犯であるため、没収のリスクが高いと誰もが考えるだろう。山本の要求は、応じる側にまったくメリットがないと思われたが、どういうわけかこれに応じた知り合いもいた。

関西出身の会社役員A氏は山本から求められ、一審の裁判員裁判の判決前に、被害弁償金と慰謝料を用立てた。控訴後には同様に、保釈保証金として1億円を振り込んでいる。また関西に住む山本の友人が身元引受人になることにも応じた。

こうして準備が整った2021年初頭、山本は保釈を請求したが、当然ながら却下されている。保釈は諦めて次は減刑を目標にしたのか、山本はのちに、否認を続けながらも、強制性交等罪などの性犯罪被害者らにはお詫びのお金を支払おうと交渉を始めた。刑事裁判では、被害弁償を行うことが被告人に有利に働く。しかし、罪を犯したと認めていないにもかかわらず、被害者に金銭を支払うとは、どういった心境か。

「自分はそうした事件について身に覚えがないが、慰謝料だ……という名目だそうです」

と、A氏が解説してくれた。

保釈保証金については「だって逃げて捕まったやつですからね。保釈されたら絶対逃げますよ。彼のお母さんも『逃げるから保釈させないでください』と書面を書いたぐらいですから。だから保釈は99パーセント無理だと思い、振り込みました」と笑って続ける。

実際、A氏の言う通り、彼が用立てた1億円は請求却下後に返金された。お詫びのお金の交渉も、決裂した。被害者から見れば、山本は「やってない」と言いながらお金を渡そうとしているのであり、その矛盾した態度にさらに怒りを覚えることは想像できる。

「未成年の頃から窃盗やひったくりを繰り返して奈良少年院に入り、出所後はまた同じようなことをやって、大阪刑務所に服役してました。彼は10代のころ、お好み焼き屋の店員をやっていて、私はその頃に知り合いました。少年院に入る前ですね」（A氏）

A氏はそれまでの山本との付き合いで抱いていた印象と、報道で知り得た情報から感じる印象が異なることに不安を抱いていた。このため、当初は金を用立てることを躊躇したという。山本は接する相手によって態度を変える。逃走中にもそうしていたように、平気で嘘もつく。

自分の声を広く世間に周知させるために、報道機関の拡散力を品定めしたうえで、彼が届けたいのは「司法や捜査機関への批判」と「自分が冤罪であるという訴え」のみのようだ。自分に下される刑が少しでも軽くなってほしい……被告人でなくても、その気持ちはもちろん分かる。誰でも、長期間の服役は避けたい。

だが彼の無実の主張はどれもが荒唐無稽と言わざるを得ないものだった。彼の主張を信用できなければ、司法や捜査機関への批判も、的外れなものかもしれないという疑念が拭えなくなる。私はそうだった。

## サイクリストの聖地に

山本が自転車旅を装いながら立ち寄った施設は、逮捕後に殺到した報道関係者たちの取材対応に追われるなど、様々な影響を受けた。逮捕直前に宿泊していた道の駅「上関海峡」では、万引き被害が発覚したことから、防犯設備の強化を行っている。加えて「車中泊じゃないけど、そういう旅の人を、若干、不審者っぽく見てしまうところがある」（駅長・高津京介さん）と、気持ちの変化も大きかったようだ。

一方で、山本が万引きしたものや、購入した食品が売れるという珍事にも見舞われた。「タコ飯を万引きしたという話がテレビで広まってから、後で結構売れたんよね。『これが噂のタコ飯か』って。タコ飯は有名になりましたね。あと、逮捕の時に所持金が数百円しかなかったと言いよったけど、うちでも彼がお金を払って食べたものがあるんです」（同前）

それが、150円の「鳩子てんぷら」だ。

「あっためて食べてたね。だからそのあと、噂で『お金のない逃走犯がお金を払ってでも食べたかった』と広まってそれがまた売れたりね。実際、安くて美味しいからね」(同前)

私もぜひ食べたいと思ったが、取材に訪れたのが午後だったため、残念ながら店じまいしていた。

上関の前に、1週間以上滞在していた周防大島「サザンセトとうわ」では、万引き被害は確認されていないが「自転車にて日本縦断中!」のプレートを持つ山本の写真が全国で報道されたことにより、サイクリストたちが多く訪れるようになった。

「今もすごい来ますよ。『聖地』とかいうぐらいに言われてて、みんな『ここで写真を撮らせてください』って来ています。どんどん溜まってますよ、写真が」(岡崎支配人)

はからずも、周防大島を自転車の島にしたいという岡崎さんの願いが叶った格好となっているが、問われている罪の内容も考えれば、心境は複雑なようだ。

山本は同所を立ち去る際に、手紙を残していた。

「彼らが出発した日、私は休みだったのですが、次の日に会社に来たら手紙が置いてあった。感謝の手紙でしたね。実際には3人に手紙を書いています。私と、チャレンジショップのカンボジア人。すごい仲良かったんですよ。もうひとりがアルバイトの高校生。もう辞めましたが、彼ともすごく仲が良かったですね。

返事をする気はないです。結局何考えてるかは分からんもんね。ずっと結局騙され続けてきたんで」（同前）

周防大島での日々は、山本にとって思い出深かったのだろうか。

岡崎さんは大阪から来た捜査関係者に「1回大阪に来て（山本と）話してくれないか」と冗談で言われたことまであるという。

「あっち（大阪）では心を閉ざしてたみたいですよね。黙秘というか喋らないみたいな。僕らが思ってたみたいな、すごいフレンドリーに喋ってたっていうイメージじゃなかったようなので」（同前）

周防大島を訪れたのは、出会ったドライバーから勧められたためだったと山本は当時、岡崎さんに説明していた。広島県三原市で、一度別れたサイクリストの男性と再び合流した山本は、山口のローカルチェーン店「いろり山賊」玖珂《くが》店で食事をとった。

そのとき、「どこに行ったらいいですかねとドライバーさんに聞いたら『周防大島すごいよ』っていうふうに教えてもらった」（同前）と話していたそうだ。

名前から経歴、全て嘘にまみれていた山本の話をどこまで信じていいのかは悩むところだが、8日間も滞在したという事実からは、一定の思い入れも窺われる。周防大島では自分が逃走犯だと疑われなかったため、居心地がよかったのだろうか。

「自転車の旅であんなに長く滞在する人はいない。ここに来る人は日帰りが多く、泊まっても1日です。2日もいる人はいないです」（同前）

## 優しい人と出会う旅のコツ

私は、長期にわたる山本との文通のなか、書籍の差し入れも度々行った。彼のリクエストの多くが、キャンプや自転車関連の雑誌だった。

〈キャンプギアを見て、こんな物を持って海山川でと考えてます。機能的な物や、アイデアを感じる物、デザインが良いと思う物、軽量な物まで色々とあり、見ていて発見の連続です〉

山本自身はこの自転車旅に見せかけた逃走生活について一見、反省とも取れる心中を綴っていた。だがむしろ、本気で逃げ切ろうと思っていたからこそのプレッシャーだったようにも感じられる。

逃走のルートや当時の思いを尋ねるなかで、山本は私に〝優しい人と出会う旅のコツ〟も伝授してくれていた。曰く、壁を作らずに地元の人と積極的に話し、スマホに頼らないこと。スマホを眺めていれば、会話の機会を逃し、旅先の風景も見逃してしまうのだという。いっぽうで、共通の目的がある人たちの集まる場所に行けば、邪険に扱われないとも教えてくれた。

自転車旅という共通の目的を持つ人々に紛れることで、自分の存在がバレづらくなるという実感も得ていたのか。岡﨑さんには「九州のほうに向かう」とさらに旅を続けると伝えていた。九州に向かったのちにどうするつもりだったのか。

自分は冤罪であり、警察の不当な捜査の被害者である……と主張を続ける山本。今も「理想とする自分」を演じているだけなのではないか。自分が本当は何をしたか、彼は分かっているはずだ。

最高裁判所は２０２２年3月25日付で、山本の上告を棄却する決定をした。逃走前に起こした事件と合わせて、山本には懲役17年の刑が確定している。

山本が珍しくお金を払って購入した「鳩子てんぷら」の販売所。取材時はすでに店じまいしており、どんな味か確かめることができなかったことが残念で仕方がない。

# 第5章
# 最強の男——白鳥由栄の逃走

脱獄囚は「ネタ」になる。古くは『モンテ・クリスト伯』のエドモン・ダンテスから、アメリカのドラマ『プリズン・ブレイク』まで、脱獄囚を扱ったフィクションは世界各国で大人気だ。

そして、ここ日本で最も有名なフィクションといえば、吉村昭による小説『破獄』であろう。4度の脱獄を飽くなき執念で実行した無期懲役囚・佐久間清太郎と、彼を閉じ込めた男たちとの闘いを描いたクライム・ノベルだ。

『十七年前、元警察関係の要職にあった方から、脱獄をくりかえした一人の男の話をきいた。警察関係者とは作中の桜井均（仮名）氏であり、一人の男とは私が佐久間清太郎と名付けた人物である』。

昭和58年、岩波書店から刊行された初版のあとがきで、著者はこの小説には実在のモデルがいると明かしていた。

最近人気の漫画にも、脱獄囚が登場する。累計部数1900万部を超える『ゴールデンカムイ』は、日露戦争終結後の北海道を舞台とした、金塊をめぐる物語だ。7人のアイヌたちを殺害して金塊を奪った男が、仲間たちに金塊のありかを伝えるため、網走監獄の同房者らの身体に金塊の隠し場所を示す入れ墨を彫り、脱獄させた。主人公の元陸軍兵は、その男に父親を殺害されたアイヌとともに、金塊を探す旅を始める……。

道中、仲間に加わるのは、入れ墨のある囚人のひとりで「稀代の脱獄王」の異名を持つ白石由竹《よしたけ》。関節を自由に外せるという特異体質により脱獄を繰り返していた。

『破獄』の佐久間清太郎、『ゴールデンカムイ』の白石由竹のモデルになったのは「昭和の脱獄王」と呼ばれた白鳥由栄《よしえ》である。

## 4度の脱獄に成功

北海道網走郡津別町にそびえる阿幌《あほろ》岳に源流をなし、山間部を通ったのち北のオホーツク海に注ぐ網走川。その下流にある網走湖の脇、網走市街地のはずれに建つのが、日本最北端の網走刑務所である。

川にかかる「鏡橋」は、同刑務所を出所した者が初めて渡る橋だ。「流れる清流を鏡として、我が身を見つめ、自ら襟をただし目的の岸にわたるべし」という思いを込めて名付けられたといわれている。橋の脇を見ると「観光客車両は、通行を禁じます」との看板。

刑事施設である刑務所が、このように観光客に向け注意を行っているのは、日本全国でも珍しい。少なくとも、網走以外の刑事施設では見たことがない。

網走刑務所が観光地化しているのは、かつて高倉健主演による人気映画『網走番外地』シリーズの撮影が行われたことも大きい。極寒の網走刑務所に護送された暴力団員の男と、獄中で出会う様々な凶悪犯との人間模様や、大雪原のなかの集団脱獄などを描いた最初の『網走番外地』が公開されたのは1965年である。

同作は人気を呼び『続　網走番外地』『網走番外地　望郷篇』など矢継ぎ早に続編が公開され、邦画興行収入のベスト10入りを果たした。高倉健はこのシリーズで人気を不動のものとし、「網走」の地名も一躍全国区に——。

現在の網走刑務所には比較的刑期の短い再犯者が収容されているが、明治・大正時代は重罪の受刑者たちの居場所だった。

映画では過去のイメージに近い、ならず者たちが集まる刑務所として描かれていたことから〝凶悪犯の集まる極寒の地〟としてのイメージが全国的に定着してしまうことになったのだろう。

当時の『網走番外地』撮影において、刑務所内のシーンはセットを用いているが、屋外の撮影は実際の刑務所周辺で行われたため、撮影地探訪の観光客も後を絶たなかったようだ。現在でも観光地のひとつとなっているらしく、時折、ツーリング客などが訪れる。煉瓦の門に掲げられた毛筆の「網走刑務所」看板はこれまで4回も盗難に遭っている。

## 網走監獄

白鳥由栄が、網走刑務所のレンガ塀を越えて脱獄に成功したのは、映画より約20年も前のことだった。彼が収容されていた舎房は、刑務所から鏡橋を渡り、3キロメートルほど南に位置する「博物館　網走監獄」にいまも残っている。

網走の名を全国区にしたのは『網走番外地』シリーズなど映画の影響が大きいが、そもそも北海道民にとって、刑務所そして受刑者は、他の地域のように単に迷惑な存在というわけではなかった。北海道の開拓においては、そこに移送されてきた受刑者たちが重要な役割を担ってきた歴史があるからだ。

〝次の世代へ引き継ぎたい有形・無形の財産のなかから、北海道民全体の宝物として選ばれた〟という北海道遺産にも登録されているのは「北海道の集治監《しゅうじかん》（樺戸、空知、釧路、網走、十勝）」。うち、網走の北海道遺産は現在の網走刑務所ではなく、1983（昭和58）年に開館した「博物館　網走監獄」だ。

公益財団法人「網走監獄保存財団」が運営する同館は1973（昭和48）年、網走刑務所の全面改築が始まったことを契機に、明治時代に建造された当時の建物を保存できないかという市民の声に応える形で開館。以降、当時「網走監獄」と呼ばれていた明治時代からの建造物の移築復原を続けてきた。

明治初期、ロシアの南下政策の脅威に備え、北海道開拓を急ぐ政府の施策に道路建設があった。明治政府に反乱した士族や思想犯を収容するために、北海道に集治監（第二次世界大戦前に徒刑・流刑・終身懲役に処せられた囚人を収容した監獄の一種。現在の刑務所）が置かれ、その囚人らの労働力を活用して硫黄や石炭の採掘、農地開墾などインフラの整備が行われた。網走の囚人らが担ったのは道路開削工事である。

釧路集治監の分監となる釧路監獄署網走囚徒外役所が1890年に受刑者らにより造られ、その翌年には1100人もの囚人が、北見と網走を結ぶ中央道路開削に従事し、わずか8ケ月で道路建設を敢行。厳しい自然環境下での突貫工事のため、211人の囚人が命を落とした。北海道の開拓は、囚人の存在なしには考えられないといえよう。

網走外役所は廃止や復活を経て1903年に網走監獄となり、1922年に網走刑務所と改称された。名称は変わったが、集治監と呼ばれた時代から130年以上、北海道の刑務所のなかで網走だけが、移転することなくずっと同じ場所にある。

歴史的建造物の保管や展示の場であると同時に、北海道開拓の歴史を伝える場ともなっている「博物館　網走監獄」には、1984年までその網走刑務所で使用されていた五翼放射状平屋舎房が移築されていた。

1912（明治45）年に建設されたその舎房は、5つの獄舎が扇のように広がり、その要に見張り所を配している。看守が動き回ることなく多くの獄舎を監視するためだ。実際の建設作業は、釧路監獄署網走囚徒外役所と同じく、受刑者たちが行った。

同博物館には、いたるところに囚人のマネキン人形が配置されているが、五翼放射状平屋舎房の廊下でふと顔をあげると、天井によじ登ろうとしているふんどし姿のマネキン人形が目に飛び込んできた。まさに脱獄真っ最中の白鳥由栄を表現しているもののようだ。

彼が脱獄を図ったのは、この1度だけではない。青森を皮切りに秋田、網走、札幌と、4施設からの脱獄に成功し、合計3年間も逃げ続けていた。網走はそのうち3度目だ。その脱獄には彼の〝執念深さ〟そして〝特異体質〟が存分に発揮されている。

## 初めての脱獄

1907（明治40）年、青森県に生まれた白鳥は、父親の病死をきっかけとして2歳で親類の家に養子に出された。尋常小学校を卒業後、家で豆腐屋の仕事を手伝い、父親の借金を返して将来は自作農になる夢のために、寝る間も惜しんで働いていたという。21歳の頃には地元で所帯を持ち、一男二女の父になった。しかし、白鳥は豆腐屋稼業のかたわら、賭博の金欲しさから、土蔵荒らしにも手を出すようになってしまう。最初の刑務所送りの原因となる殺人は、この流れで起こした事件だった。

仲間と雑貨商の家に忍び込み、店内を物色していたとき、同家の養子に見つかった。逃げ出すも追いつかれ、仲間が組み伏せられた際に、25歳の白鳥は養子の背中を日本刀で斬りつけ殺害したのだ。

２年後に土蔵荒らしの犯人として盛岡警察署に逮捕、のち青森刑務所柳町支所に移送。なかなか公判が開かれないことに焦《じ》れ、また看守の冷酷な扱いに耐えられなかった白鳥は28歳の頃、ここから初の脱獄を果たす。

当時の東奥日報が、脱獄を報じていた。

『午前五時二十分から三十分までの間に白鳥由栄が独房の錠前を巧みに外し裏塀を飛び越えて脱走した』

『兇悪なる殺人強盗犯人白鳥由栄（三十《ママ》）逮捕のため、捜査当局は夜に入る前に逮捕すべく全機能をあげ一般の協力を求めて全県下に捜査網を張り特に潜伏を豫像される青森市内には文字通り蟻の這ひ出る隙もなく網を張りめぐらし彼の立寄先と覚しき個所を虱潰しに捜査したが白鳥の脱走は全然瞬間的の出来心からではなく、予てから脱走の計画をめぐらして居たものらしくために白鳥も脱走後の行動に就いては用意周到を極め居るものと見られる』（昭和11年6月19日）

同時にこの記事には、県から市民へ、白鳥確保のために協力を求める旨も記されていた。捜索のために消防手らが出動し、のどかな田園風景の中を『犬一匹も見逃さずと警戒』する事態に発展し――ポンプ車もサイレンを鳴らして出動したため――「火事だが⁉」と近隣住民が外に飛び出し、叫び出す一幕もあった。

依然として行方が知れないなか、弘前市内で目撃された「似た人相の男」を捕まえるも、人違いの無銭飲食男であったり、挙動不審の男を確保するも、これまた人違いのバット所持男であったりと、捜査員らは躍起になるあまり、空回りした面もあったようだ。

といっても、このときの逃走生活は長くはなかった。

「東奥日報に出ている白鳥由栄に似ている挙動不審の者を見た」

という報告が寄せられたことにより、警察は大捜査網を敷いた。白鳥が潜伏していると推測された地域を中心に、数十名単位の捜査員を円形に配置し、徐々に円を狭めていったのだ。その結果、共同墓地付近に白鳥がいると分かった。押しかけたところ、空腹でフラフラの白鳥を発見。確保に至った。逃走から2日後のことだった。彼の確保のために6300人あまりが駆り出された。

## 針金を曲げて手製の鍵を作り

確保時の東奥日報が報じたところによれば、白鳥の脱獄は初回から入念な準備がなされた結果であった。

『脱走の数日前、便器の汚物を棄てに行った際、廊下で長さ七、八寸の二分丸の針金を拾い、数日間を費してこれを曲げて手製の鍵を作り、それで監房の錠前を外して脱監して同裏門の扉を開け……』

白鳥由栄については、ジャーナリストの斎藤充功《みちのり》氏がかつて徹底的に取材し、『脱獄王白鳥由栄の証言』（幻冬舎アウトロー文庫）にまとめている。彼は、斎藤氏に対し、脱獄までの準備を明かしていた。

『汚物を棄てるため房外に出た時に、錠前の位置と食器口の位置を目測で計り、後日、看守の隙を狙って食器口から手を出して、掌が鍵穴に当たることを確かめた』

『狙った時間は真夜中で、看守の交代時間だった。その時間は看守のいちばん気のゆるむ時間帯で、巡回の空白時間が十五分あるんだ。その時間を計るには看守の足音を数えて、それで、ピタリと当てた。もちろん、何十日も試してみたよ……』

脱獄すると決めたら絶対にやる。そんな彼の執念が初回の脱獄からすでに感じ取れる。

白鳥は先の強盗や殺人などの罪で起訴され、同年8月、青森地裁にて死刑を求刑された。

この時代、インターネットもテレビもないため、彼のニュースは全国区に広がってはいなかったが、少なくとも青森県下では相当な騒ぎとなっていた。

『何分にも事件は迷宮入りを伝えられ二年六ケ月振りで判明した東郡筒井村の強盗、殺人事件をはじめ青森市内及び青森市附近の土蔵破り犯人、刑務所破りだけに傍聴人は約五百名法廷前に群がった（…）裁判所では整理のため傍聴券百五十枚発行したが、我も我もと押しかけ、入廷した傍聴人は約三百名』（『東奥日報』昭和11年8月19日）

傍聴希望者500名は、2020年に東京地裁で開かれた歌手・槇原敬之の覚醒剤取締法違反等の公判に集まった人数とほぼ同じである。

この公判に白鳥は『傍聴席を見廻してニヤニヤと不敵な笑いを浮かべ』るなど、不遜な態度で臨んでいたようだ。

後日行われた判決公判で白鳥は無期懲役を言い渡され、この判決は宮城控訴院で確定した。青森刑務所から宮城刑務所、小菅刑務所に身柄が移されたのち、最終的に秋田刑務所に移監されたのが１９４１（昭和16）年10月だった。

## 〝ヤモリ〟のように天窓によじ登り

だが、そこから1年も経たないうちに、白鳥は2度目の脱獄に成功するのである。その執念には、秋田刑務所における処遇の劣悪さが関係していたようだ。刑務所側は、特別に作った「鎮静房」という独房に、白鳥を収容した。

「鎮静房」には昼間でもほとんど陽が射さず、高い天井に薄暗い裸電球が一灯あるのみ。三方の壁は銅板が張られ、扉は食器を出し入れする小窓もなかった。秋田刑務所なりに、脱獄を警戒してのことだろう。しかしこの〝やりすぎ〟な対応がかえって白鳥の怒りに火をつけてしまったのだ。

のちの判決文には「手錠をかけられた儘で置かれたのでこのままでは到底耐えられないと考え、再三担当看守にその房から出してくれるように取り計らってもらいたいと申し出たが聞き入れられなかった」とある。

過酷な環境で一冬を過ごした白鳥はしびれを切らし、青森と同様に綿密な計画を立て、入念に準備を進めてふたたび脱獄を果たすことになる。

『せまい独房の両側に足をかけて〝ヤモリ〟のようによじのぼり天窓にとびついて、ブリキ板の一片とクギ一本を手に入れ、この材料でノコをひそかにつくり、看守の眼をのがれてはわずかの時間に壁をのぼり明り採り窓の木ワクを切り、数日でこれを切断し、これにより十七年六月、この窓の鉄格子をたたきはずして脱走』(『北海道新聞』1947年4月3日)

2度目の脱獄の目的は、秋田刑務所での処遇改善を司法省に訴えるためだったと白鳥は主張している。刑務所内から看守に向けて直訴しても、処遇は一向に改善されない。ならば直訴するしかない……。脱獄当日の夜は前日からの雨がひどくなり、暴風雨となっていた。物音をかき消してくれる天候、午前0時に行われる看守交代の15分のタイミングを狙い定め決行したのだ。

しかし、そうはいっても脱獄の第一ステップの〝天井によじ登る〟行為すら、常人にはなかなかできるものではない。白鳥はこれを『直角の銅板の壁を両足でふん張り、両手を壁にピタッと吸いつけて、一歩一歩せり上り、予め取り外しが出来るように仕込んでおいた天窓を頭突きで外してから、屋根瓦に飛び移った』（『脱獄王』より白鳥の証言）というから、その身体能力には驚かされるばかりだ。

彼の〝特異体質〟は、単に運動神経が良いというだけではない。ほかにも大きな特徴があった。ひとつは、手足の裏の皮膚を伸縮させ吸盤のようにできること。もうひとつは、身体中の関節を自由に外せることだ。首さえ出入りできる場所があれば、猫のようにそこから全身を出すことが可能だったという。秋田の脱獄は、彼の執念と特異体質あってこそできる離れ業だった。

こうして脱獄に成功した白鳥は3ケ月かけて東京にたどり着き、小菅刑務所時代にお世話になった主任なら自分の訴えに耳を傾けてくれるのではという一心で、主任の官舎を訪ねた。ドアを開けて白鳥の顔を見た主任はもちろん驚いたが、すぐになかに白鳥を招き入れ「腹が減ってるだろう」と、熱いお茶と蒸し芋でもてなした。泣きながらこれを食べた白鳥は、鎮静房での過酷な日々を告白したのち、主任に付き添われて自首した。そして、秋田刑務所はこの一件で鎮静房を廃止したのだった。

## 死ぬかと思った

1943（昭和18）年3月、白鳥に対し、東京区裁で逃走罪により懲役3年の判決が言い渡された。そして翌月には、網走刑務所に移監。ところが、白鳥は37歳になった翌年にここからも脱獄してしまう。

「博物館 網走監獄」副館長の今野久代氏が、白鳥収容の経緯を語ってくれた。

「彼は青森と秋田を脱獄して網走に来ていた。網走は重警備刑務所ですから、やっぱり当時としても、この網走で脱獄させるわけにはいかなかった。だから本来は舎房にしても4舎の、独居房の1房と2房に収容する予定だったといいます。この2つの房は『特殊房』といって天井と床が二重貼りだったんです。ですが、すでに2回脱獄している。彼は本当に危険だということがすでに予備知識として網走の者たちにはありましたので、だから1房2房はやめ、4舎24房に彼を入れることになったんだそうです」

なぜ、天井と床が二重貼りの、特別な房に白鳥を入れなかったのか。それは刑務官の配置が理由だった。

「この24房は他の独居房と特に変わったところはありません。であれば、なぜ24房においたかというと、五翼放射状房は5舎房ありますが、中央見張り台とは別に、この5つの舎房の廊下にそれぞれひとつずつ、刑務官が立っているお立ち台があったんです。それぞれの廊下に立つ位置が決まっていて、4舎では、24房がお立ち台の目の前でした。そのため、そこであれば24時間彼を監視できるだろう、隙を見せてはいけない、ということで、24房に収容したんですね」（同前）

脱獄を繰り返す動機は、秋田刑務所脱獄の時と同じく、処遇上の問題による……と、のちに白鳥は言う。〝3度目〟を阻止しようと最大限に警戒していた網走刑務所は、白鳥を24房から一歩も出すことなく、手錠と足錠をかけたまま拘禁した。加えて、冬の寒さである。極寒地の網走において、白鳥は真冬でも夏物の単衣一枚しか着用を許されなかった。そして夏には逆に厚着をさせられていた。

『網走のときは俺も死ぬと思った。冬は想像を絶する寒さで、吐く息が両手を縛った革バンドの上ですぐ霜になって、フーッと吹くと白い粉になって舞って、髭なんか、バリバリに凍ったもんだ（…）夏は反対に刺し子みたいな厚い綿入れを着せられて、手錠や足錠はほとんど外してくれなかったから、蛆が湧いてきて、生きてる人間にも蛆が湧くことをあのときはじめて知ったね――』（『脱獄王』より白鳥の証言）

こうした生活を送りながら白鳥は「網走にいると本当に殺される」と思い、脱獄を決意したのだという。

## 味噌汁を松材に垂らして

準備には5ケ月かけた。

『Y・S（白鳥由栄のこと）は、当時、堅牢を誇る秋田刑務所の独居房から破獄逃走したが、容易に革手錠を破り、金属手錠を引き伸ばす怪腕力の持ち主であった。

網走刑務所収容後は、手錠を曲げたり捕縄をずたずたに切ったりしたため、常に特殊の金属手錠を用い厳重に戒護していたが、当日午後9時17分ころ、折りからの燈火管制で舎房が薄暗くなっていたのに乗じて4舎24房から逃走した。

その方法は、金属手錠を引き伸ばし、その一端で居房視察窓の鉄棒を引き抜き、褌一本の裸体で居房を抜け出し廊下へ出た。更に廊下から天窓に上がり、採光硝子を頭で突き破って舎房屋上に上り、屋根伝いに同舎房右端まで来て飛び降り、煙突支えの梯子を取り外して外塀に立て掛けて逃走した』(『網走刑務所—苦節百年その歩み—』より)

白鳥は彼のために造られた特別な房の扉にあった視察口から身体を出して逃走した。この視察口の大きさは縦約20センチ、横約40センチ。現在も博物館に残されており、5本の鉄棒が縦に鉄枠に溶接されていた。関節を外すなどといった芸当のできないものであれば、ここから出られるなどとは到底思わないが、彼は「鉄枠を外せば、関節を外して外に出られる」と考えた。そのために〝味噌汁〟を使うことを思いついたのだという。

松材のドアにボルトで留めてあった鉄枠を外すためには、まずボルトを緩める必要がある。白鳥は毎日、朝と晩の2回、支給された味噌汁をボルトに垂らし、時間をかけて塩分で松材を腐らせ、鉄枠を留めてあるボルトを浮かせた。食事中も手錠と足錠をつけられたままだったため、彼は腹ばいになって味噌汁を口に含み、それを鉄枠に吐きかける毎日を送ったのである。

3ケ月ほど経ったころ、鉄枠に錆が浮かんだという。頭でこれを何度か押すと、ボルトを留めていた木と鉄枠の間に隙間ができた。白鳥はこれで脱獄できると踏んだ。

「博物館　網走監獄」の今野氏は、戦時下における刑務所の状況を、白鳥が敏感に感じ取っていたのではと見る。

「戦争中でどこも人手不足ですから、刑務官も例に漏れません。彼ひとりに対してつきっきりで対応するというわけにもいかないんですね。ですが逃げられては困るということで、食事やお風呂以外は手錠と足錠をされていたとはいわれています。その手錠足錠を外してくれるのが食事や入浴の時。ただ入浴の時も彼ひとりを入れるのに、他の受刑者であれば15名ごとに刑務官がついて、お風呂場に連れて行って入浴させますが、彼は特製の手錠足錠ですから、入浴させる時にそのネジを外して、終わったらまたそれをつけてという、非常に時間も取られるし大変だというのを彼は敏感に感じていたようです」

あらかじめ、手錠と足錠の留め金のナットをゆるめておき、当日の検査が終わった後に、ボルトを歯で抜いて外し、視察口の鉄枠も外したのち、両肩の関節を外してから、ここに頭を入れ、足で房の扉を蹴るようにして身体をせり上げ、舎房の廊下に肩から落ちた。ここまでくれば白鳥にとって、脱獄はほぼ成功したようなものだ。難なく天井から外に出た。

白鳥が拘束具を外したのはこの時が初めてではない。古い資料には、白鳥が外した手錠の写真が掲載されていた。入所から2ケ月で、彼はなんと4つもの手錠を破壊したのだという。房内で解錠したのち、湾曲部を房の鉄格子に押し当てて曲げ、手を抜いている。多くの人間にとっては、この拘束具の解錠自体がそもそも困難であるが、白鳥にとっては、脱獄時の手錠足錠の解錠も、さほどの難易度ではなかったのだろう。

## 自分で肩を外せる

「博物館　網走監獄」では、白鳥が収容されていた4舎24房を見学できる。他の房と構造は同じだ。縦約20センチの視察口に頭を入れてみたが、わずかに隙間ができるぐらいで、あまり余裕はない。小柄な私でギリギリなのだから、ここに頭を通せた白鳥も比較的小柄だったのか。頭を通せても、肩幅がある男性なら抜け出すのは難しいだろう。本当に肩を外せるのか？　最初は疑問に思ったが、斎藤氏は、かつて『脱獄王』の取材のため白鳥に直接会い、実際にその〝特異体質〟を目の当たりにしていた。

「公園で何度か話をして、特殊な肉体のことについても、尋ねたんです。〝自分で肩を外せる〟というので、できたら見せてくれませんか、と言ったら、見せてくれたよ」

当時60代後半だったという白鳥の肉体は衰えてはいなかったと、斎藤氏は語る。

「とにかく驚いたんだけどね、松の木の根っこみたいな、ごつごつした肩をしているの。筋骨隆々とかそういう感じで。さらにね、首を回すと、音がするんだよ。そうすると肩が外れるの、ダラーンって。反対側も、クイッと動かすと外れちゃう。いや驚いたね……。痛くないかと聞くと『痛くない』と言うんだ。

しばらくして『いいですか』って聞いてきて、その後は、グッと自分で戻してね。いや私もびっくりしちゃった。なるほどこれで、あの網走刑務所の、あの狭い場所から抜け出たのかと。『首だけ出せば逃げられる』と本人も言っていたけど、こうやって出たんだな、やっぱり事実だったんだな、と実感したね」

さて刑務所が白鳥の脱獄に気づいたのは、逃走から2時間も経たない午後11時10分ごろだった。翌朝から本格的な捜索が始まった。当時の網走の様子については、網走信用金庫を退職後、網走刑務所で俳句クラブの講師をしていた山谷一郎による『網走刑務所　四方山話』にその片鱗を見ることができる。

『この兇暴な白鳥には脱獄馴れしている網走の人達も、さすがにびっくり（…）遂に網走駐屯の陸軍部隊が主となり、これに警察、刑務所警防団、在郷軍人それに一般人まで加えて約八百人が朝八時に、木下木工場の辺りに集合し（…）様々な武器を持っているので、これに筵旗でも押立てたらば百姓一揆の様な姿である。

（…）

何時何処から白鳥が飛び出して来るかも知れない、棒で草むらを叩き、隣りの人との間隔を気にしながら一歩一歩進む気味の悪さといったらなかった。この網走初まって以来の大規模な物々しい山狩りも、遂に白鳥どころか兎一匹とることもなく三時間後に終了した』

（『網走刑務所　四方山話』より）

市民らも駆り出され大規模な捜索が行われたが、白鳥は難なく山中に逃げ、それから2年あまり潜伏生活を送った。

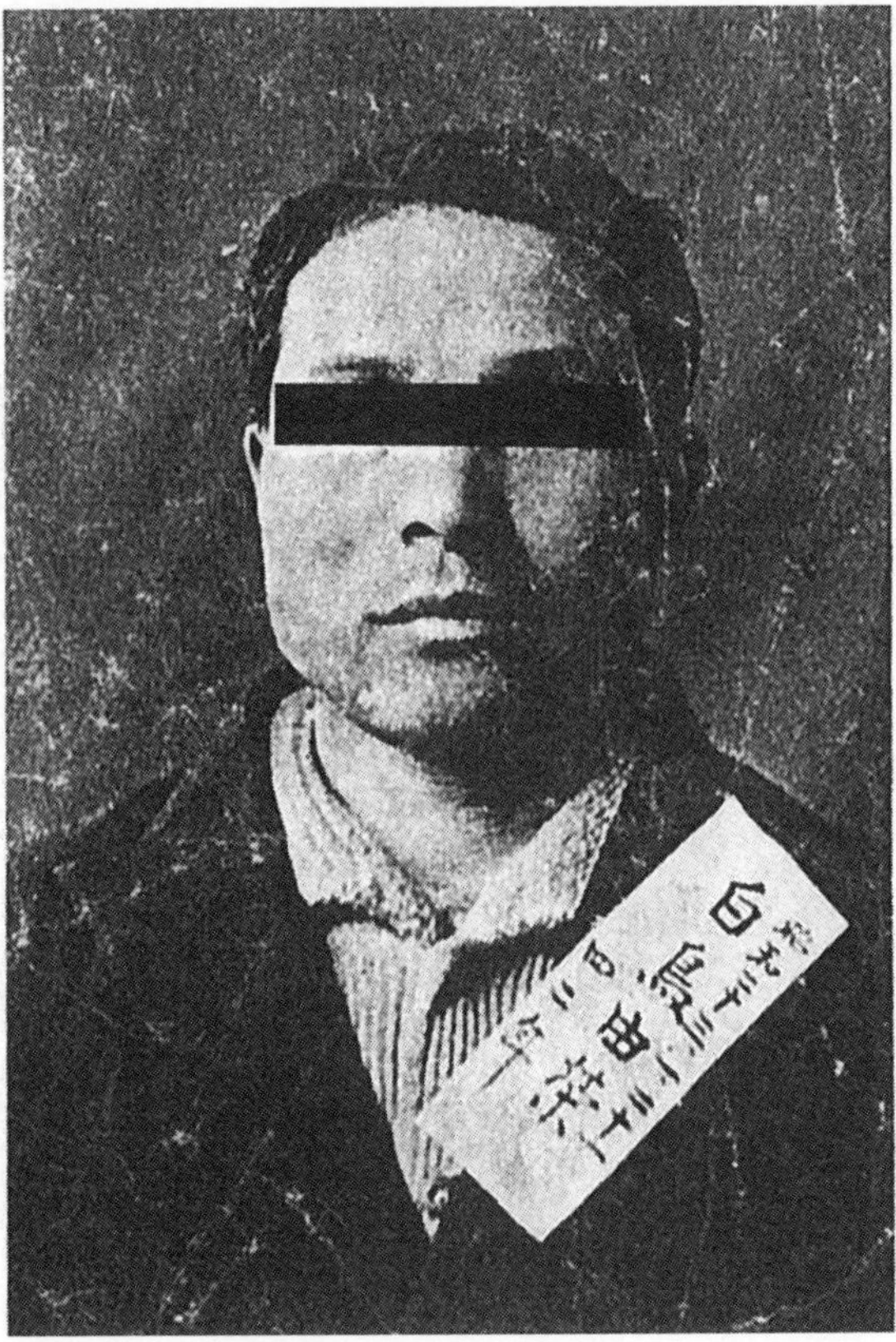

昭和23年、40歳の白鳥由栄（斎藤充功氏提供）。

# 第6章

# 必ず壊せる——白鳥由栄の逃走

白鳥が山を降りたのは1946（昭和21）年。近くの国民学校に忍び込み、新聞記事を読んで終戦を知ったことがきっかけだった。土蔵荒らしの最中に殺人を犯したのは25歳。3度の脱獄を挟んで、彼は39歳になっていた。

『日本が負ければ俺みたいな重罪犯は、どうせ占領軍に死刑にされると思い、それならいっそ死に花を咲かせてやれ』（『脱獄王』より）

こう決めて山を降り、札幌を目指した。そこで自殺するつもりだったのだ。ところがその道中、百姓の親子に野荒らしに間違われて木刀で殴られ、反撃した際、子のほうを刺し殺すという重大事件を起こしてしまう。

3日後に逮捕され、のちに殺人、窃盗、加重逃走の罪で起訴された白鳥には、札幌地裁において、無期懲役よりも重い、死刑判決が言い渡された。このときまで白鳥は大通《おおどおり》拘置所に勾留されていたが、控訴後に、脱獄を心配した拘置所は彼の身柄を札幌刑務所に移した。そしてまた白鳥は、ここから4度目の脱獄を果たしたのだった。

移送から2ケ月後のことだった。今度の脱獄は、扉や窓からではない。床に穴を掘ったのだ。

「彼も図太い精神力というか、ここから絶対逃げるんだという意志がすごかった。並大抵の人間ではできない。普通は途中で挫折するからね。彼はそれを貫いている。最後の脱獄は特に、奇想天外というか想像できないからね。穴を掘って出ていくから、小説の世界だよね」

斎藤氏がこう語るように、最後の脱獄は白鳥の特異体質、そしてそれまでの脱獄で培ったノウハウをフルに活かした集大成の所業ともいえるだろう。

1947（昭和22）年4月1日午前2時半ごろ、白鳥は幅15・6センチ、長さ2メートルの床板2枚を切り外して床下に潜り、土を掘り、玉石をかきわけ、50センチの穴にした。さらに2メートル近いトンネルを鋸《のこぎり》や食器で掘り、モグラのように土を抱き込む格好で舎房の外へ潜り抜けたのだ。

床下を切り抜くための鋸の材料には、洗面用の桶にはめ込まれた2本のタガを使った。あらかじめ、検事調べの際に入室した取調室のドアガラスを留めてあった釘を抜き取って房に持ち帰り、これでタガに細工をして鋸様の道具を自作したのだ。

その道具を使い床板を切る方法も、単に看守のいない隙に道具を鋸の要領で持ち……とやるわけではない。正座をして、両足の間に道具を挟み、貧乏ゆすりをする要領で前後に動かし、徐々に床板を切っていった。

綿密なのは脱獄方法だけではなかった。今回は、その後も逃げ続けられるような工夫までしていた。顔バレ通報を防ぐため、脱獄前から、散髪時に眉を細くするように注文していたのである。

こうして滞りなく穴から外に出た白鳥は、再び山中に潜伏。移動しながら300日ほど過ごしたが、どうにも先の裁判のことを考えて落ち着かない。居場所を転々とするなか、町へ降り、ふらついていたところ、警ら中の警察官に職務質問を受けて、逮捕された。

白鳥は、職務質問を行った警察官の対応が高圧的でなかったことに、心をほだされたのだという。「旦那、タバコを一本くれませんか」と求めて、一服したのちに頭を下げ「実は俺は、札幌刑務所を脱獄した白鳥由栄なんです」と自分から素性を明かしたのだった。

## カゴの鳥

逮捕後、白鳥に対しては控訴審が開かれた。死刑判決が支持されるかと思いきや札幌高裁は先の殺人を傷害致死とみなし、1948（昭和23）年、白鳥は死刑から懲役20年へと減刑された。府中刑務所で服役していたが、その後は脱獄を図ることなく、1961（昭和36）年12月、模範囚としての生活が認められて仮出獄を許可され、堂々と塀の外へ。1979（昭和54）年2月に亡くなるまで、再び罪を犯すことはなかった。

斎藤充功氏が白鳥に初めて会ったのは約45年前。出所後、東京・山谷《さんや》に住んでいた白鳥を訪ねたという。

「白鳥のほうは67～68歳だったかな。身長は私と同じ、160センチ前後。肩幅は広いし、仁王像みたいな感じだね。普通の好々爺《こうこうや》という感じだった。

彼は府中を出所して、何ケ所か働く場所や住む場所を変えて、最終的に山谷にたどり着いた。いわゆるドヤ街、そこで生活をして建築現場で働いていた。あの場所は荒っぽいところだから、喧嘩もしょっちゅうで、殴られることもあったり、理不尽なことを言われたりもした。ただ彼はそのときに『俺は一生目に見えない鎖で繋がれている身だ』と我慢していた。仮出獄中の身だからね。何か事件を起こすと仮出獄は取り消しになる。それで長年我慢していた。体力的なところで彼はまだまだ元気だったけども、そういう辛さはずいぶん持っていたようだね」

白鳥は、当時の自分の置かれた環境について斎藤氏に話した。

「俺には、目に見えない鉄の鎖が一生取れないんだよ」

仮出獄という身分が一生続くこととなった白鳥は、塀の外に出ても〝何かやってしまえば再び中に戻される〟という思いを強く持っていた。実際その通りではある。気の休まらぬ生活だったことだろう。

「とんでもない脱獄犯だったものの、府中では模範囚だった。社会に戻して生活をさせてもいいだろうということで仮出獄が認められたんです。それ以降彼は17～18年、犯罪を犯したことがなかった。目に見えない鎖……それが彼の一種の自制心にもなっていたんだろうと思うね」（斎藤氏）

最後の服役となった府中刑務所で白鳥は、脱獄はしない旨を宣言し、実際にそれを守った。これは秋田や網走などのハード面の対策の結果ではなく、職員らが白鳥をひとりの人間として扱い、見守る、という対応の結果だったという。

「最初に、所長室に連れて行かれたとき、白鳥は手錠と足枷をつけられていた。所長はそれを外せと命令したんです。周囲は所長に『それはちょっとまずいでしょう』と止めたんですが、『いいから外せ』と。そのとき白鳥は初めてこの人が自分を人間として扱ってくれたと感激し、所長がいる間は絶対逃げません……と、そう宣言したんだそうだよ」(同前)

といっても「脱獄王」の異名を持つまでの脱獄歴を消すことはできない。当然ながら、収容する側も緊張感を持って迎えた。刑務所側は白鳥の心情面に心を配りながらも、実際は脱獄を警戒していたと分かるエピソードもある。

府中刑務所には慈善団体から、様々な物品の寄付があったという。白鳥の在監中、ある団体が匿名で小鳥を差し入れしてくれた。これを飼い始めた白鳥は、次第に小鳥と自分の境遇を重ね始めた。

「いくら大事に飼っていても、カゴの鳥は所詮《しょせん》、カゴの鳥で自由がない。自分も鉄格子の独房に入れられたカゴの鳥で、毎日、小鳥を見ているとやりきれなくなる」(同前)

そんな思いから、小鳥を逃がすことを決意したのだというが……。

「運動場に出て、白鳥自ら、鳥カゴから鳥を出して逃がしたんだそうです。けれども、また彼が逃げる気持ちになると困るといってね、白鳥に気づかれないように、鳥カゴを持って立つ彼の周囲に拳銃を持った刑務官を配置したんだそうだよ。本人は全然気づいていないけど、もし気づかれたら、えらいことになる、だから絶対にわからないようにと。それだけ、刑務所もおそれていたわけでしょう、白鳥を」（同前）

脱獄王の異名を持つ白鳥は、それなりに有名人ではあった。府中刑務所ではそんな彼に配慮し、なるべく他の受刑者と作業を行わなくて済むよう、炊場内の精米工場に配置し、精米工に従事させていたのだという。しかし、その〝怪力〟ぶりから、自ずと目立ってしまっていたようだ。

「俵一俵って、60キログラムもあるんです。白鳥は、それを片手で一俵ずつ、水平に持って運んでいたっていうからね。信じられないでしょう？　だから皆、あっけにとられていたそうだよ。

結局、府中刑務所内に白鳥のことを知らない人がいても、そういうことが武勇伝として、噂になって広まっちゃうじゃない。あの白鳥が府中刑務所にいるんだ、ってね。

出所後も、建築現場で働いているときに重宝がられたって本人は言ってました。あれを持ってこい、と言われても『はい、分かりました』と、重いものでも難なく持って来れる

からね」(同前)

## 塀の外に出たら、死んでも俺の勝ちだ

白鳥は脱獄の動機として、看守による非人道的な扱いや、処遇環境の劣悪さなどを挙げていた。脱獄を繰り返せば、さらに締め付けが厳しくなる。そんな思いは、白鳥をますます脱獄へと駆り立てた。斎藤氏はこう解説する。

「彼は、身をもって体験しているわけ。昔の刑務所、監獄の目的というのは懲罰。厳しく罰することが目的なんだから、人権なんて時代じゃない。今では、受刑者の人権にも目を向けられるようになったが、かつては厳しい処遇がまかり通っていました。

80年も前のことを比較しても意味がないかもしれませんが、食事に関しては一番変化があった。特に戦後になってから、GHQが被収容者の人権に関する通達も出してきたことが大きいでしょう。戦前は受刑者に対する人権意識なんてほとんどなかったはずだよ。

いまはさすがに廃止されているようですが、かつては『減食罰』という罰があったの。食事の量を減らされてしまう。辛いでしょう。

彼は刑務所で生きるか死ぬかの虐待を受けて、闘争心を持った。絶対にこいつらを見返してやろうと考えたんです。反撃の方法として、彼らに一番痛手を与えることは逃げることだという結論に至った。そのためにはどうすれば脱獄できるかと彼なりに問答したわけだよね」

一方、こうした度重なる脱獄行為、またその動機として白鳥が語る〝処遇上の問題〟について強く疑問を呈するのが「博物館　網走監獄」の今野久代氏だ。

「明治時代はもちろん、網走では囚人たちが北海道中央道路の開削に従事し、当時の監獄から旭川までの道路１６２・７キロを繋ぎましたが、この時は過酷な労働状況で、確かに死者も出ました。

しかし大変な時代を経て、昭和になると監獄法も徐々に変化し、バランスのとれた食事が与えられるようになり、衣類も変化し、入浴回数も増えたりと、作業労働時間も徐々に改善していきました。白鳥が網走から脱獄した昭和19年頃は、多くの国民が戦争に駆り出され、軍需産業に連れて行かれたりしていましたよね。貧しければ白米も食べることができなかった。

ですが、刑務所では麦と白米のご飯が3度出ますし、自給自足で野菜を作っていますから野菜もふんだんにある。逆に網走刑務所で採れた野菜を模範囚が網走市内に供給に行ったりとか、そういう出来事がたくさんあった。当時で言えば、刑務所は逆に一般の生活が不安定な方々よりも生活が整っていた。

処遇に関しても、当時の監獄法では、身体拘束が許されていた時代でしたので、白鳥だけを厳しくしたとか、または暴力を振るったとか、そういうことは考えにくいです。彼は処遇について不満があったと述べてはいますが、私としては、白鳥が言っていることが全部正しいというわけではないと思いますね」

また、府中刑務所の当時の所長から優しく接してもらったことで、白鳥はそれに恩義を感じたとも言われているが、これについても今野氏は「戦後に新憲法が発布され、受刑者に対しては原則、戒具をつけてはいけないと法律も変わりました。新しい法律に基づいて処遇をしたということなんですよね。青森、秋田、網走が間違った処遇をしていたのではなく、府中の所長さんは新しい法律に基づいた処遇をしただけにすぎないのではないでしょうか」と、法律の変化によるものだと冷静に見る。

確かに、彼は戦前戦中に3度、戦後に1度の脱獄を図った。その過程で受刑者処遇が変化したことは、彼の受刑生活にも大きな影響を及ぼしたはずだ。刑務官はルールに則って行動する。このルールを受刑者に守らせるのが仕事だ。ところが白鳥は、刑務官らが自分だけを特別に敵視している……と思い違いをした可能性もゼロではない。それは分からないままだ。もうこの世にいない白鳥に、問うことはできない。ただ、脱獄前に犯していたのは、土蔵荒らしのほかに殺人など、相当重い犯罪だ。少なからず自分勝手で我慢のきかない性格だったのではないかと推察される。

とはいえ脱獄の手腕に関しては、白鳥の右に出るものはいないはずだ。彼には、脱獄の哲学があった。

『人間の作ったものは必ず壊せる』(『脱獄王』より)。

白鳥は設備の構造をしっかり観察し、解体するための手順を見極め、粘り強く試行錯誤し、脱獄を繰り返した。

「俺は絶対逃げてやる。塀の内側で捕まったら俺の負け。塀の外に出たら、死んでも俺の勝ちだ」

生前の彼は、塀のなかから、看守たちにこう宣言していたのだという。

「気に食わないというか彼が憎んでいる看守が巡回に来たら特にそういう言葉を浴びせていた。油断をさせるわけ。『そんなことを言っても、がんじがらめに手錠足輪をされてどうやって逃げるのか』と、施設側は思う。それで看守も『逃げてみろ』とか言うわけです。ですがそれが白鳥の計算でもあった。時間が経ってくれば、相手の気も徐々に緩む。『なんだ、あれだけ言っておいて、やっぱり逃げられないじゃないか』と。そこをついて脱獄する。そういう心理をついたんですね」（斎藤氏）

白鳥の宣言に照らせば彼は4回、勝ったことになる。大勝利といえるのではないか。

## 〝おもしろい〟犯罪

既決囚の脱獄、そして逃走は法に触れる行為だ。平たく説明すれば「有罪判決を受けて刑務所に入っているのに、悪いことをした」ということになる。そうだと分かっているのに、脱獄をテーマにした小説が人気を呼び、漫画に登場する脱獄犯がすんなりと受け入れられる。実際の逃走犯や脱獄犯の報道があれば、世の中が騒ぐ。そんな我々の心理は、「博

物館　網走監獄」そのものが体現しているように思える。

ここに白鳥を模したと思しきマネキン人形があることはすでに記した。その意図は、来館者を喜ばせるためだろう。白鳥が収容されていた五翼放射状平屋舎房・４舎24房の前には看板が立ち、詳しい紹介がなされているうえ、同舎房の入口には、斎藤氏が取材した際に録音していた、白鳥の肉声音源が聴けるスペースまでも設けられている。他の場所には『ゴールデンカムイ』の登場人物らが描かれたポスターも掲示してあった。昭和の脱獄王・白鳥の存在がやたらと印象に残る場所なのだ。

ところが「白鳥について話を聞かせて欲しい」という私の取材依頼は当初「逃走犯や脱獄を肯定しているわけではない」と、博物館側から断られた。そのため、取材では白鳥について触れないことにしたほか、北海道における行刑の歴史について話を聞くという内容に変更したうえで、了承を得たという経緯があった。

記事や書籍にする際には、白鳥が収容されていた４舎24房の写真は使用できないということも告げられた。理由を尋ねると、最近では、ＹｏｕＴｕｂｅなどで「勝手に悪用」されることが多く、大変困っており、脱獄や逃走について肯定しているように見えたり「おもろしいネタとして扱われる」ことは、博物館として迷惑なので断っている……とのことだった。

実際の取材の際にも、本題に入る前に、こんな話を聞いた。

白鳥が脱獄したときに網走刑務所に勤務していた刑務官は、白鳥が小説のモデルになっていたことにも怒っていたのだという。また脱獄後に処遇の厳しさを訴えていたことにも、思うところがあったようだ。「犯罪者なんだから英雄扱いするな」というニュアンスのことを言っていたそうである。

いっぽう、同館では2021年5月からは企画展「網走刑務所と文学」が、同年夏にはその続編として吉村昭の『破獄』についての企画展が行われていた。ホームページにはこんな紹介文が残っている。

『昭和の脱獄王と恐れられた主人公の脱獄への執念、脱獄の防止のため緊張感を持ちながらも翻弄される看守たちの姿が、丹念な取材を基に描かれています』

さらに取材から戻り、漫画『ゴールデンカムイ』を最新刊まで読んでみたところ、巻末に取材協力として「博物館　網走監獄」の名が記されているではないか。たしかに本編でも、たびたび網走監獄は登場する。白鳥がモデルの白石由竹も、魅力あるキャラクターとして描かれている。

もちろん私も、取材した内容を記事等で発表する際は、事件の内容により、匿名性を高めたりすることはある。時代や、その発表の場を見定めて、対応を変えることは自然であり、納得できる。分からないのは「おもしろい」の基準だ。

ＹｏｕＴｕｂｅに動画がアップされてしまうことは「おもしろいネタ」とみなされてしまうようだが、その動画によってネタとしてではない関心を持つ方もいることだろう。

白鳥は、４度も脱獄した実在の人間である。１度の脱獄すら困難であるなか、４度も、というところにまず私は、関心をおぼえる。さらに彼なりに考え抜いたと思われる脱獄の方法も、私には全く想像もつかないものだった。「おもしろい」と感じなかったか、興味をそそられなかったか、と問われれば否定はしない。

だが「おもしろい」と感じることが、脱獄や逃走、そして彼が過去に犯した過ちすべてを肯定していることにならないことぐらいの分別は、誰にでもあるのではないか。そもそも、脱獄や逃走に関心を持つこと自体が悪いことだと、私は思わない。斎藤氏の記した『脱獄王』が刊行当時に注目を浴びたのも、白鳥という人間に対して、私だけでなく多くの人が関心を持ち……「おもしろそう」だと思ったからだろう。

率直なところを言えば「博物館　網走監獄」の4舎天井部分に展示してある白鳥を模したマネキンをこの目で見た時、ずいぶん奇想天外な展示をしているな……と驚いた。これを「おもしろい」と思うか「けしからん」と思うかは、人それぞれだ。また内心は、他人には分からない。さらに言えば、人や物事に対して、我々が内心で何を感じようと、本来は自由なはずだ。

鏡橋には観光客への注意書きがあったが、取材時は誰もいなかった。

「博物館　網走監獄」入口。入館料金は大人1500円。館内には背中いっぱいに刺青を彫った囚人らが入浴している様子のマネキンや、逃走を図ろうとする白鳥由栄と思しきマネキンも展示されている。

# 終章

# 逃げるが勝ち？

長雨が続いていた。神奈川県横須賀市森崎、近くを流れる平作川のカーブに沿って、くねくねと続く住宅街は、まだ寝静まっていた。高台の寺の脇に建つ築40年をとうに超えた灰色のアパートを、盾を手にした神奈川県警の捜査員三十数名が取り囲んだ。２０１９年6月23日、朝5時のことだ。

「そういわれてみれば夜に、よく白い車が停まっていたので、ちょっと気になっていた」

と近隣住民が話すアパート2階に、男の姿を認めるや否や、捜査員らは部屋のドアを激しく叩き、大声で呼びかけた。

「小林、出てこい」

「もう逃げられないぞ」

ドアが開く気配はない。

近所に住む男性は6時前に、捜査員らの足音やアパートからの物音を聞いた。外を見ると、捜査員のひとりに制止された。

「危ないので家から出ないでください」

ただならぬ日曜の朝であることを察知したという。

「ドアを開けてくれ」

こんな叫び声も聞こえてきた。だが、ドアは開かない。

変化が起こったのは6時30分ごろ。ようやく、ドアが開き、奥から男が姿を見せた。白と黒のパーカーを着て、刃物も持っていない。抵抗するそぶりも見せず、無言で捜査車両へ乗り込んだ。

近隣住民のなかには、この騒動に気づかぬ者もいた。

「日曜だからゆっくり寝てたんですよ。そうしたら友達から『家の近所がすごいことになってるよ』って連絡が来て。窓を開けたら家の前に警察や記者さんみたいな人がたくさんいてびっくりって感じで」

はす向かいに住む老女も物音に気づかなかったひとりだ。

「いや本当にね、起きていたけど全然気づかなかったの。あとから知ってびっくりしました」

とはいえ、目覚めて異変に感づいた住民は玄関ドアを開けると「私服警官みたいな人が前の道にたくさんいて、しばらくするとアパートの中から叫び声も聞こえてきたりして、怖かったので、子供達には外に出るなと言いました」と、不安な朝を過ごした。

## だまし討ちじゃないか！

午前6時38分、小林誠（逮捕当時43）は公務執行妨害容疑で逮捕された。別の事件で実刑判決確定後も、刑務所への収容をのらりくらりと4ケ月もかわした末、逮捕の4日前に、収容のため神奈川県愛川町の自宅を訪れた検察事務官らに刃物を向け、逃げ出していたのだ。

小林は窃盗や傷害などの罪で起訴され、横浜地裁小田原支部で公判中だった2018年7月、一度目の保釈が認められた。保釈保証金は計500万円。同年9月、懲役3年8ケ月の実刑判決を受け、一旦、小田原拘置支所に収容されるも、弁護人が即日、再び保釈を請求。同支部は4日後、再保釈を決定。小林は拘置所を出て再び自由の身となった。保釈保証金は計600万円に増額されていた。

東京高裁は2019年1月、控訴を棄却し、同年2月には小林の実刑が確定。控訴審には被告人の出頭義務がない。小林は出頭していなかった。

判決確定を受け、東京高検は書面などで小林に対して出頭を求めていたが、彼は応じなかった。高検から嘱託を受けた横浜地検小田原支部の事務官らがなんとか刑務所に収容しようと、小林に電話をかけ説得していたが、こちらにも応じる気配がなかった。自宅を訪ねた際も「だまし討ちじゃないか！」など、激昂した小林から抵抗にあい、収容に失敗していた。逃走後にわかったことだが、保釈条件のなかで「制限住居」として指定されていた神奈川県厚木市内の親族宅にも住んでいなかったという。

再三にわたる説得にも応じない小林をいよいよ収容しようと、改めて地検職員らが自宅を訪れた6月19日、彼は逃走を図る。

この日の昼過ぎ、横浜地検小田原支部の職員2人、横浜地検の職員3人に加え、神奈川県警厚木署員2人の計7人が、自宅に到着。呼び鈴を鳴らした。ところが小林は大声で叫んだ。

「ふざけんな、出て行け！」

前回同様、説得に応じないどころか、この日は右手に包丁を持ち、職員らを威嚇。近寄れない職員らを尻目に、そばに停めてあった知人の車、黒のホンダ・フィットに乗り込み、立ち去ったのだという。追跡を逃れるためか、スマホは自宅に残されていた。後日、最高検が公表した検証報告書によると、この日に自宅を訪れた厚木署員は私服姿で、警棒は持っていたが拳銃は所持しておらず、防刃チョッキも着用していなかったという。また、現場から厚木署に連絡が入ったのは午後1時20分であったが、署から県警本部への連絡は午後3時頃となり、最終的に緊急配備がなされたのは逃走から4時間以上が経ってからだった。

## 小中学校45校が休校

小林に対する公判は同年9月11日、横浜地裁401号法廷で開かれた。逃走時に検察事務官や警察官に刃物を「∞」の形に振り回すなどした公務執行妨害罪のほか、逃走中に覚醒剤を使用した覚醒剤取締法違反、またホームセンターで炊飯器や生垣バリカンなどを盗んだ窃盗罪、さらに知人に対して「シャブ（覚醒剤）が抜けたら出頭するので匿ってほしい」と頼み込み、自宅に匿うよう求めたという犯人蔵匿教唆《ぞうとくきょうさ》でも起訴されていた。保釈は認められておらず、勾留中だった小林は、坊主頭に白いワイシャツ、黒のスラックスで法廷に現れた。

警備体制は厳重だった。傍聴人らは開廷前に隣の402号法廷に入り、職員らによる身体検査を行ったのち、同法廷に荷物を置いたうえで、数人ずつ職員の先導に従い、401号法廷に入るというまさに異例の措置が取られた。

「自分、包丁は振り回してないんで、そこんとこだけ認められません」

証言台の前で直立した小林は、逃走中に起こした事件に関しての起訴事実は全て認めたものの、公務執行妨害罪については否認。続けて行われた冒頭陳述や証拠調べで、当時の緊迫した状況が明らかになった。

「被告人を収容のため、検察事務官と警察官らで自宅に向かうと、被告人は寝室のマットレスの上で寝ていた。『収容に来ました』と別の事務官が言うと被告人は『どうなってんだ、荷物とか用意とかあるから。あとでこっちから車で行くからよ』と言い出した。『あとで車ってわけにはいかないですよ』などと返答するなか、被告人は『警察も来てるのか』と言い、やり取りの中で興奮が高まっていった様子だった。

一旦玄関を出ると部屋のドアが閉まった。インターホンの前あたりに立つと、10秒経たずにドアが開いた。右手に包丁を持った被告人がおり、刺されるかも、と全力で走って逃げた」

法廷で読み上げられた検察事務官の調書には、そうあった。

こうした調書の内容を、どのように知ったのかと読者には疑問に思われるかもしれない。そんな質問を受けることも多いので改めて記しておく。基本的に、刑事裁判の記録は一審を担当した検察庁に一定期間保管される。建前として閲覧は可能ということになっているが、実際には、第三者がその内容を知りたいという理由で閲覧することは不可能だ。

司法記者クラブに所属しているテレビ局や新聞社の記者であれば、起訴状や判決文など、記録のごく一部は入手することができるが、クラブ外の記者には配布されない。そのため、刑事裁判の証拠となった調書等の内容を知るためには傍聴するのが一番手っ取り早い。本章に収められている刑事裁判の情報も、傍聴に通ってメモしたものだ。

部屋を出ずに小林の説得にあたった別の検察事務官の調書ではこうだ。

「寝室に寝ていた被告人に収容状を示し『検察庁です、収容状の執行に来ました』と告げると『そんなの行けねえよ、俺も支度あるから出てけ、なんで警察が来てんだ』と言った。

ダイニングキッチンへ移動し、流しの下の戸棚から包丁を取り出した。それを右手に持ち、肘を90度曲げ、刃先を私達の方へ向け『出て行け』と言った。立ちすくみ、そのあとのことは覚えていない」

検察事務官は警察官とは異なり、護身術などを習得しているわけではない。応援のために同行していた警察官も、万全の装備ではなかった。小林から刃物を向けられる事態は想定外だったのか。

逃走に使われた黒のホンダ・フィットはその日の午後11時半ごろ、小林の自宅から約7キロ離れた厚木市内のアパート敷地内で発見された。このため、小林の自宅がある愛川町と厚木市内の小中学校45校では翌日の休校を決め、付近の一部の幼稚園も休園。保育園などに対しては、園外活動を自粛するよう求めるなど対応に追われた。横浜地検に加え神奈川県警の捜査員ら約1500人体制で行方を追うことにもなった。

さらにはこの逃走のニュースは全国でも報じられ、神奈川県内だけでなく全国的な騒ぎとなったが、担当弁護人は冒頭陳述で〝包丁を振り回したという間違った情報が広まった〟と切々と訴えるのだった。

「多くの報道が〝包丁を振り回し逃走する〟というセンセーショナルな内容だった。検察事務官や警察の話を元にした犯人像が発表され、多くの報道がなされた。妻は近所づきあいができなくなり、小学生の子供2人は友人と遊べなくなった。殺人鬼のように報じられ、家族は村八分になった。事実を証明したい」(弁護側冒頭陳述より)

## 「逃走罪」では裁かれない

2020年1月、横浜地裁(加藤学裁判長)は小林に、懲役4年の判決を言い渡した(求刑懲役5年)。同地裁は、弁護人や小林の訴えたとおり〝包丁を振り回した〟ことについては「事実は認定できない」と判断したが〝包丁を向けた〟ことや、その他は事実と認め、次のように指摘した。

「実刑判決確定後、検察庁職員からの再三の出頭要請に応じなかった挙げ句、逃走を図るために同犯行に及んでおり、その経緯・動機は全く身勝手なものであって酌むべき点はない(…)続け様に犯罪行為を繰り返していることや被告人の前科関係に鑑みれば、被告人の法を守ろうとする意識はかなり低いと評価せざるを得ない」(判決文より)

裁判所の否定的な評価は「4日間逃走して、日本を騒がせた」ことについてではなく、逃げるために包丁を持ち威嚇したという公務執行妨害やその他の罪について向けられている。事実、判決文にも、この懲役4年の内容について「量刑を決めるうえで一番ウエイトが大きい」のは「覚醒剤取締法違反」だとあった。小林が同種の犯行を含む前科4犯を有していたことや、直近の判決確定から4ケ月余りしか経過しないうちに覚醒剤を使用していることについて「覚醒剤に対する親和性、常習性は顕著である」旨、認定したのだった。

この判決には大きな理由がある。現在の日本においては、保釈された者が逃走することそのものは、罪に問われないのである。拘置所や刑務所などから被告人や受刑者が逃走した場合は、刑法の逃走罪に問われるが、今回のような収容前の逃走には適用されない。

## 保釈保証金の意味

刑法には、逃げる者について「単純逃走罪」や「加重逃走罪」が定められている。

単純逃走罪は、勾留されている者や、禁錮・懲役刑の受刑者や拘置されている死刑囚等、裁判の執行により拘禁されている者が、器具を壊したり誰かを殴ったり脅したりもすることなく、ひとりで逃走した場合に適用される。

単純逃走罪が成立するのは、捜査機関や拘置所や刑務所の職員が房の鍵をかけ忘れたり、護送中や裁判中に手錠を外して目を離したようなときに、何も壊さず、誰も押しのけたりせず、逃走に成功するような場合だ。だが、そのようなケースは滅多にない。

加重逃走罪は、裁判の執行により拘禁されている者に加えて逮捕状や勾引《こういん》状等の身柄拘束のある令状の執行を受けている者が、器具を壊したり、暴行脅迫を伴ったり、2人以上の通謀によって逃走をした場合に適用される。

このため、保釈後に逃走した者を逮捕するには、あくまでも逃げたのちに、何かを盗む（窃盗罪）、警官に楯突く（公務執行妨害）、など〝逃走の際にとった違法な行動〟を理由にするしかない。

逃走それ自体に罰則がなければ、保釈後の被告人は逃げ放題なのではないか？　実はそれを防ぐための抑止力が存在する。保釈保証金だ。

保釈については刑事訴訟法に細かく定められている。被告人が保釈の請求を行い、裁判所がこれを許す場合、保釈保証金額が定められる。「犯罪の性質及び情状、証拠の証明力並びに被告人の性格及び資産を考慮して、被告人の出頭を保証するに足りる相当な金額でなければならない」（刑事訴訟法第93条）とあるように、個々の事案に応じて保証金額も変わる。裁判所が被告人に対して保釈を認める決定を下したのちに、これを納付して初めて、被告人は保釈される。

加えて「被告人の住居を制限しその他適当と認める条件を附することができる」（同前）とも定められている通り、住む場所も制限されるほか、共犯者がいる事件であればそれらと連絡を取り合うことを禁止されるなど、これも保釈保証金同様、個々の事案等を考慮し決められる。

この取り決めを守り、保釈後の生活を送れば、納めた保釈保証金はのちに返還される。ところが破った場合、また罪証隠滅や逃走を図った場合、保釈は取り消され、納付した保釈保証金が没収されることとなる（刑事訴訟法第96条）。いわば被告人が納付した保釈保証金が、保釈後の逃走や証拠隠滅の抑止力になるという運用だ。没収されないよう、取り決めたルールを守ることがのぞまれている。

ところが、その保釈保証金が返還されなくなることも覚悟のうえで、保釈後に逃走したのが、小林であり、日産自動車元会長、カルロス・ゴーン（逃亡時65）だった。

## 日産のゴーン元会長は国外逃亡

ゴーン元会長は2018年11月、金融商品取引法違反容疑で東京地検特捜部に逮捕された。のちに役員報酬など計約91億円を有価証券報告書に記載しなかったという同法違反や、私的な投機目的での取引で生じた評価損約18億円を日産に移転した特別背任など4つの罪で起訴されているが、いずれも否認している。

翌19年3月、3度目の保釈請求がようやく許可され保釈となるも、4月4日、別の背任容疑で逮捕され再び勾留される。その後も勾留が続き、4月22日の追起訴後に保釈請求。これが認められ、同月25日に保釈された。

3月の保釈時、弁護団のひとりが発案したというこの日の「変装劇」は、日本国内だけでなく世界の話題をさらった。6日夕方、ゴーン元会長は青い作業帽にマスク、作業着という〝現場作業員〟のような服装で出てきたのち、すぐさま建設業者の軽ワゴン車に乗り込み、東京拘置所をあとにした。のちにブログで「すべて私が計画して実行した」と綴った発案者の高野隆弁護士によると、安全に制限住居に送るためにマスコミの追跡から逃れさせようと変装する案を思いついたのだという。

しかしそれでも、拘置所から出てくる眼光鋭い作業着の男をマスコミが見逃すはずはなかった。ゴーン元会長だと難なく看破され、結局、彼が乗り込んだスズキ・エブリイは追跡される羽目になった。

「変装保釈」「喜劇」など散々に報じられた結末に、高野弁護士は「ゴーン氏の名声に泥を塗る結果となった。申し訳なく思っている」などブログで謝罪したが、この年の大晦日、コミカルな変装劇も人々の記憶から消え去るほどの衝撃がもたらされた。弁護団にも無断で、ゴーン元会長がレバノンに逃亡したことが報じられたのである。

「私は今、レバノンにいる。有罪が予想される日本の偏った司法制度の下でのとらわれの身ではなくなった」

こんな声明を発表したゴーン元会長は12月29日午後、制限住居である東京・港区の自宅をひとりで出て六本木のグランドハイアット東京で協力者と合流。ホテルを出て、品川から新幹線で大阪に到着。関西国際空港からプライベートジェットに搭乗し、レバノンに出国した。この道中、楽器の箱の中に隠れていたという。

ゴーン元会長はレバノン国籍を保有している。保釈条件として海外渡航が禁じられていたが、これを破っての出国。保釈保証金計15億円は没収となった。森雅子元法相は2020年1月5日、「保釈中の被告人の逃亡が正当化される余地はない」とコメントし、これを許さぬ姿勢を示したが、ゴーン元会長は現在もレバノンで無罪を主張し続けている。いうまでもなく、日本国内で公判が開かれる目処は立っていない。

## 遁刑者たち

保釈保証金、それのみが保釈後逃走の抑止力として機能している現在の日本の保釈制度は、先の2つの逃走事例を見ても分かる通り〝保釈保証金を没収されても構わないから逃げたい〟と考える者にとっては、全く意味がない。彼らにとっては、保釈保証金を支払うことは、いわば逃走のためのパスポートを手に入れたことと同義なのである。

さらに、保釈されたのちに行方をくらましたのは、この2人だけではなかった。小林のように、判決が確定した後に行方が分からなくなった者を遁刑者《とんけいしゃ》というが、法務省によれば2020年12月末時点で、自由刑（禁錮・懲役・拘留）の遁刑者は全国に36人も存在する。罰金刑の遁刑者については同年6月末時点での集計しか行われておらず、それによれば208人。ゴーン元会長のように、判決が確定する前に、行方知れずとなる者に至っては、枚挙にいとまがない。

そのうちのひとりが、2020年5月に東京地裁（野原俊郎裁判官）で判決が言い渡された、フリーカメラマン（判決当時45）だ。逮捕されたのは2015年。借りていたカメラなどを無断で売却し約90万円を着服したとして、横領罪に問われていた。

同年7月「海外渡航は裁判所の許可が必要」などの条件つきで、裁判所が保釈を認めた。検察官からは懲役2年6ケ月が求刑された。ところがその翌月に予定されていた判決期日に、フリーカメラマンの姿はなかった。条件を破り、無断で台湾に出国していたのである。母親に協力してもらってかき集めた約250万円の保釈保証金は没収された。

フリーカメラマンは台湾からさらにマレーシアに飛んだが、旅券が失効するなどして不法滞在となり、2020年3月、日本に強制送還され、4年7ケ月の逃避行に終止符が打たれた。かくして4月28日、審理は再開され、検察官は以前より重い懲役2年10ケ月を改めて求刑。同年5月12日の判決では懲役2年2ケ月が言い渡された。

「台湾で知人が亡くなり線香をあげたかった。その後、その知人の親族の仕事を手伝うためにマレーシアに渡ったら、ずるずると滞在が延びてしまった」

フリーカメラマンは審理再開後の被告人質問で逃走を続けていた理由をこう説明していたが、旅券失効がなければ、さらに滞在を延ばしていたことだろう。だが、判決でもこの逃走に関して言及はなかった。保釈後の逃走が罪に問われないからだ。

## 「人質司法」から「保釈拡大」へ

結果的に逃走することになったゴーン元会長は、起訴事実を全て否認していた。それでも保釈が認められたのは、近年、裁判所が積極的に保釈を認める方向にあることが大きく影響していると思われる。

最高裁「司法統計」によると、保釈の件数は2001年度には9561件だったが、19年度は1万6794件に増え、保釈率は13%から32・9%に上昇した。きっかけは09年に始まった裁判員制度にある。裁判員裁判は、短期間の集中審理が基本であるため、被告人が弁護人らと公判に向けた準備を行うことがより重要となった。そのため、保釈を広く認めるべきである……という考えが裁判官らに広まったからだ、といわれている。

保釈率上昇へのもうひとつの追い風が日本の司法制度に対する批判だ。ゴーン元会長のように否認を続ける被疑者や被告人に対して、身柄拘束を続けながら自白を強要するような対応を、日弁連は「人質司法」と呼ぶ。このシステムは、国内のみならず海外からも強い批判を浴びてきた。元裁判官で法政大法科大学院教授の水野智幸氏は小林の逃走事件発生後、新聞にこうコメントしている。

『「疑いがあれば閉じ込めておけ」という日本の刑事司法は「中世的」といわれてきた。これまでが厳しすぎた』

『自白がなければ立証できないのなら立件は諦めるしかない。そうでなければ「人質司法」といわれても仕方がない。是が非でも自白を取るという発想は捨てるべきだ。司法取引を駆使したり、防犯カメラ映像などを活用したりして、人質司法ではない捜査のあり方を追求してほしい』

（『産経新聞』２０１９年9月7日）

また、近年の保釈後逃走事案により、保釈を問題視する意見について、日弁連刑事弁護センター委員の奥村回《かい》弁護士も『保釈と逃走の因果関係が証明されていない。保釈率が高いから逃走が増えると批判し、保釈の判断を厳しくするべきだという意見はおかしい』（『北海道新聞』2019年12月6日）と批判している。

主に性犯罪の被害者側代理人として活動する川本瑞紀弁護士も、保釈についての変化を感じているひとりだ。

「近年、保釈が認められやすい傾向にあるのは事実です。最近は、罪証隠滅・逃走のおそれがないと判断したら保釈する傾向にあります。例えば性犯罪で、被害者が保釈しないでほしいと裁判所に申し入れている場合であっても、被告人質問後に保釈することは、近年しばしばあります。全ての証拠が裁判所に提出された後なので、逃走しない程度の保釈金を積ませて保釈したという論理構造でしょう」

ところが、保釈件数が増えるとともに保釈中のトラブルも目に付くようになってきた。

先の「司法統計」や法務省「犯罪白書」によると、保釈中に別の犯罪で起訴された被告人は2012年の126人から、19年には285人にと、倍以上に増えている。逃走や証拠隠滅などで保釈が取り消されるケースも同期間に66件から231件と、3倍以上の増加をみせる。

私が、実際に傍聴していた事件でも、こんなことがあった。女性に酒を飲ませ、酩酊状態にさせたうえ性交したとして、準強制性交等罪と集団準強姦罪に問われていたナンパ塾「リアルナンパアカデミー」(通称RNA)の塾生だった元会社員、羽生《はぶ》卓矢(逮捕当時33)は、被告人質問が終わった段階での保釈請求が東京地裁に認められていた。

また同じRNA塾生であり、共犯のひとりである根本賢(同27)も、同地裁にて公判が開かれ、羽生と同様に、被告人質問ののちに保釈請求が認められた。ところが、根本はあろうことか、RNAの塾長に「罪を軽くするためにはどうしたらいいのか」とアドバイスを求めに行ったのだ。

後日、これについて再び被告人質問が行われた。

根本「塾長と、被害者との示談交渉を再び行うことを話しました」

検察官「両親や家族、心配かけた友人の気持ち、考えたんですよね。その上で保釈後に再び塾長と連絡を取ったんですか?」

根本「そうなります」

関係者との接触は保釈許可決定の指定条件に違反する行為であるため、根本は保釈が取り消され、両親がかき集めた保釈保証金も没収された。そして塾長・渡部泰介（同42）ものちに逮捕され、懲役13年が確定している。

ゴーン元会長のように否認していても保釈を認め、根本のように、保釈により関係者との接触が危惧されるケースでも、認められる傾向にあることが分かる。なおゴーン元会長の逃走（19年12月）後に発表された2020年度の「司法統計」を見ると、保釈率は31・4パーセントと前年度よりも若干下がっていた。

刑事訴訟法においては罪証隠滅や逃走の恐れがなければ保釈を認めることになっている。川本弁護士はこれについて「現在の保釈拡大は法律に従った結果です。ただ、刑事訴訟法の世界観自体が古すぎます」と見解を示す。

「保釈した場合の罪証隠滅・逃走防止の手段は、刑事訴訟法上では保釈保証金。実務運用として、制限住居と、身元引受人。この三点です。保釈に関する刑事訴訟法ができたのは、1949年なので、当時は、その程度しか手段がなかったのでしょう。しかし、現代にお

いては、あまりにバリエーションが少なくて、被告人にも被害者にもデメリットがあります」（同前）

現在は三本柱だけで罪証隠滅や逃走のおそれを判断しているため、逆に言えば、それ以外の柱を持つ者が、何も柱を持たない者と同じように、一律に保釈が認められないという不都合がある。実際、罪証隠滅や逃走のおそれはないものの、財産がないためにその被告人を保釈できないというケースもあるのだという。

## 保釈後の生活が〝ユルい〟日本

裁判員制度が始まったこと、また日本の司法制度が国内外から「人質司法」と批判されていることを受け、裁判所は保釈を認める傾向にあるが、海外では保釈後の被告人を取り巻く事情が大きく異なる。

保釈保証金を支払うのは他国でも同様だが、イギリス、アメリカ、ドイツの一部、フランスなどではＧＰＳによる監視が可能だ。またイギリスでは「保釈逃亡罪」が定められており、保釈後の被告人が裁判所に出頭しない場合は罰則がある。こうした制度が整っているためで、欧米では保釈が広く認められているのだ。

ところが、日本では保釈後の逃走を予防する制度や法律がいまだ整っていない。にもかかわらず、裁判所は次々と保釈を認めている。こうした状況下において、保釈率上昇のあおりを最も受けているのは、やはり検察事務官であろう。

小林のように保釈後に実刑判決が確定した者の収容は検察事務官が担う。収容状を示し、身柄を拘束するのも彼らの仕事だ。またフリーカメラマンのように、一審の途中で保釈が認められた被告人が公判期日に出頭しない場合、その身柄を〝裁判に出頭させようと迎えに行く〟業務も、同じく検察事務官が担う。これを勾引《こういん》という。

「被告人が何度も不出頭、ついに勾引された事件を、私は何件か傍聴しました」

こう語るのは、裁判傍聴歴30年以上のジャーナリスト、今井亮一氏だ。

「そのうちのひとつ、２０１３年に東京地裁で傍聴したのは、自宅に迎えに来た検察事務官の男性に対し『俺は行かないぞ』などと言って包丁を突きつけたうえ、警察官２人に怪我をさせたとして公務執行妨害と傷害で起訴された男の公判です。前年に公務執行妨害の疑いで逮捕・起訴されましたが、裁判に出頭しなかったため、この日、改めて開かれる裁判のために検察官らが勾引状を持って自宅を訪問した際に事件が起こったようでした」

小林のように逃走には至らずとも、検察事務官が怪我を負っていたという。

事件化するような事案以外にも「一審の途中で保釈された被告人が、公判期日に不出頭を繰り返し、次回に持ち越しになる、という事態にはもう何度も遭遇しています。いよいよ勾引か、となったところでようやく判決公判に現れたりします」と語ってくれた。公判期日に出頭せず、のらりくらりと〝自由の身〟を謳歌する、いわば「プチ逃走」を企てる被告人は珍しくないようだ。そして「現在進行中の公判でも、同じように不出頭を繰り返している被告人がいます」という。

保釈件数が10年間で倍増したことで、検察事務官の業務は増大し、そればかりか、勾引や刑務所への収容を拒む者らにより、襲われるという事態もたびたび起こっているのだ。

保釈後に逃走を図る被告人や、公判期日に出頭しない被告人も目立ってきた。約束を守らないことが罪に問われない現状では、こうした者が現れるのも必然ともいえる。

やはり現状では、保釈されれば被告人は〝逃げられる〟のだ。

## 日本の司法が「劣悪」なわけではない

現在の日本の保釈制度における問題点は、海外と比較することでより一層見えてくるのではないかと考え、一橋大学大学院法学研究科、王雲海教授のもとを訪ねた。中国河北省出身の王教授は、比較刑事法が専門分野のひとつであり、日本をはじめ中国、アメリカなど国内外の刑事法や死刑制度に詳しい。

新型コロナウイルスの感染拡大にともなう外出自粛が始まっていた時期にもかかわらず、快く対面取材に応じてくれた。人もまばらな東京・国立の一橋大学のキャンパスで出迎えてくれた教授によれば、そもそも日本と海外では、保釈に対する考え方が全く異なっているのだという。

「海外の場合は刑事司法においても、人身自由をとても大事にしているようです。行動の自由や、人身自由に対する制限や拘束はとても重いものとして見ているのが基本です。加えて、訴訟手続きの構造上、欧米の場合は基本的に、起訴してから事件の性質を考慮し、重大犯罪でなければ、原則として保釈を認めるというやり方が基本ですよね。

日本の場合は例えば起訴されていても、なかなか保釈を認めず身柄拘束を続けるのはやはり自白を取るためではないかと考えられています。そういう意味で『人質司法』と言われているのでしょう。自白しなければ保釈を認めない、身柄拘束を解かない、と、そういう意味合いです」（王教授・以下「」内同）

海外からは、日本の保釈率はなぜこんなに低いのか、起訴されたのに保釈されないのは、なぜなのかと不思議に思われているのではないかと私は想像していたが、王教授によれば、大事なのは「海外と日本における訴訟構造の違い」を、議論の前提として理解しておくことだという。

「起訴率を見ますと、日本の場合はものすごく低いんですね。微罪処分事件を除いても、実際に起訴されるのは、40パーセント未満です。そのうち、約30パーセントは略式命令請求であり、正式な裁判を請求する『公判請求』はわずか10パーセント前後にすぎない。これに対してアメリカの場合はおよそ60パーセントぐらいが起訴になります。要するに日本で起訴される事件は、欧米でイメージされている事件よりも遥かに重大で深刻な事件だけですよね。その部分の違いはあまり意識されていないので、それを抜きにして、日本と欧米の比較をやっている人が多いんじゃないかなと思います。そもそも起訴率、さらに起訴される事件の性質は、欧米と日本ではかなり違います」

日本は海外に比べ起訴率が低い。また起訴される事件の性質も異なる。さらには、その基準にも違いがみられるという。

「起訴の基準やイメージが欧米、特にアメリカと日本は全然違います。日本の場合、検察は120パーセント有罪を取れる、もう証拠を固めて、必ず有罪を取れると思えるほどじゃないと起訴しない。これに対して欧米の場合は、法廷で黒白つけましょうという公判中心主義。一応の証拠があればまずはすぐに起訴します。起訴自体の意味合いが違います」

## 精密司法とは

日本の有罪率は99パーセント以上といわれるとおり、起訴された事件はほぼ有罪になるが、裏を返せば「事件を選びに選んだうえでの起訴ですから、有罪率が高くなるのはそれは当然」であるということだ。

「ある意味では日本の検察はちゃんと仕事している証にもなっているということは理解で

きますので、一律に有罪率が高い、だから全て悪い、というわけじゃないですよね。『精密司法』という言葉があります。要するに警察はしっかりした証拠が見つからなければ検察に送致しない。検察は有罪を絶対取れないと判断すれば起訴しない。そして裁判所は事件のあらゆるところを審理して有罪判決を出す……そういうことを『精密司法』というんですが、それ自体が悪いということはいえません。むしろ仕事に真面目であるともいえるのではないでしょうか」

つまり、日本では確実に有罪になると検察が判断した事件のみが起訴されるため、おのずと起訴率も低くなる。その結果、有罪率が高くなるのだという。

「起訴された段階では欧米だと、有罪無罪かというと、無罪の人もかなり多く含まれています。起訴の意識、起訴の基準からしますと、欧米の場合は起訴するのは要するに51パーセントの有罪の可能性があると判断して起訴するんです。日本の場合は、有罪の可能性じゃなく確実に120パーセント有罪であると確信したうえで起訴するんですから、起訴の意識やその基準、そして概念自体が違います」

日本の場合は検察が〝確実に有罪である〟と見込んで起訴するため、被告人の保釈についても慎重になるのだろう。本来の被告人の立場は〝有罪か無罪かまだ決まっていない〟はずだが、日本においてそれは建前。起訴されるということは〝ほぼ有罪〟とみなされているというわけだ。

これは、被疑者被告人による自白を重視する刑事司法のあり方とも無関係ではないと王教授は言う。

## 「自白偏重主義」の功罪

裁判員制度の施行により、対象事件においては公判のありかたに大きな変化が生まれたが、対象外の事件においては、以前と変わってはいない。つまり捜査段階に被疑者被告人を取り調べたうえ、事件について認める自白調書を作成し、これを公判で検察側が証拠請求するという流れである。裁判所はその自白調書を証拠として採用したうえで検討するため、検察としては、やはり自白調書が欲しい……となる。高い有罪率は「自白偏重主義」あってこそともいえる。

国内において、身柄拘束された被疑者被告人は外部交通にも大きな制限が課される。電話やメールも不可能となり、弁護人以外とのやりとりは手紙か短時間の面会のみ。さらに否認事件や共犯のいる事件では接見禁止措置が取られ、外部とのやりとりは基本不可能となる場合もある。

「外部との連絡や通信は、日本の場合は欧米以上に規制が厳しいです。本来ならば、逮捕の目的は逃亡や証拠隠滅を防ぐため。しかし日本の場合は捜査実務上、逮捕して身柄拘束し、自供させ自白を取るためという意味合いがあります」

外部交通を制限するのは証拠隠滅を防ぐため。これが建前だが、しかし実態としては、身柄拘束が自白を得るための手段として使われている。罪を認めて、これに沿った供述をしなければ身柄拘束は続き、外部交通も制限されたままとなる。これが人質司法といわれる所以だ。

保釈された被告人の状況も、その実態を裏付けている。日本の場合は否認事件であればなかなか保釈を認められず、保釈率も低い。否認事件と自白事件の保釈率に大きな差があるという。

「欧米の場合は、否認事件と自白事件の保釈率に明確な差はないはずです。例えば、保釈後に逃走したりすれば逃亡罪に問われる可能性もありますし、証拠を隠滅していれば証拠隠滅罪となる場合もある。

それどころか捜査機関はあえてその人を保釈して、尾行し、どこでどういう証拠隠滅をするのかそれに乗じて新たな証拠をつかむという、いわばチャンスとして保釈を利用することもあります」

日本の被告人がこうした事情により〝ほぼ有罪〟とみなされているのであれば、保釈することに慎重になる現状にも頷ける。同時に王教授は「推定無罪、そして身柄はたやすく拘束しないという視点で見れば、日本はもっと保釈適用を拡大すべきです」とも言う。

「より良い、より公平な、自由主義的司法にするという意味合いで、保釈を拡大することを日本はもっとやるべきでしょう。でも欧米のようにまでなる必要はないと思います」

しかし、これまで本書で記してきたように、今のままの日本で保釈を拡大するにも問題はある。やはり保釈保証金のみが逃走の抑止力となっている現状、つまり「諸外国に比べて、保釈された被告人による逃亡や証拠隠滅を防ぐ仕組みが脆弱」なのだ。

「日本の制度として保釈をケアする、あるいは担保しているものは何かというと、保釈保証金だけです。保釈後に保釈条件を守らなければ、保釈保証金を没収するという、それだけです。これに対して欧米は昔から、例えば保釈保証会社などがあります」

保釈される者の数が少ない日本では、なかなかビジネスとして成り立たないが、保釈される者の数が多く、逃亡罪も存在する欧米では、商業的にも成立するのだろう。

「保釈金を出している保釈保証会社は彼らが逃走しないように監視しますし、最近になるとGPS装置をつけたりなど、逃走しないように工夫をしてきています」

日本の場合、保釈後は、住居の制限など個別に細かなルールはあるものの、基本的に裁判のとき、法廷に出頭さえしていればいいということになっている。それ以外に大きな制限を課してはいない。保釈保証金は逃走防止の抑止力とはなりうるが、防止のための積極的な策とはいいがたい。

「日本にはまだ、逃走を防ぐためのシステムはないんですよね。いま、保釈を拡大しようという気運の高まりのなかで、GPSをつけたりということの議論も始まりましたが」

## どこまで監視すべきか

法務省のウェブサイトで公開されている資料「諸外国におけるGPSにより被告人の位置情報を取得・把握する制度の概要」には、フランスやイギリス、カナダ、韓国などが保釈した被告人をどのように監視しているのかがまとめられている。それぞれGPS機器から得られるデータにより、住居や行動範囲などの保釈条件が遵守されているかを監視することが可能で、違反した場合は制裁が科される。

王教授にインタビューを行ったのは2020年末。その翌年、保釈した被告人の逃亡防止策としてGPS端末を装着できるようにする答申案を、法制審議会の部会がまとめたことがニュースとなった。要綱では、保釈中の海外逃亡防止のため、裁判所が必要だと認めた場合に限って被告人にGPS端末を装着できる制度をつくり、「所在禁止区域」とされる空港などに侵入したことが分かれば、位置情報を確認して身柄を確保することができる……とされる。ゴーン元会長のレバノン逃亡の影響を大いに受けた内容だ。

GPS端末装着の対象については内部で異論もあったという。元弁護士の委員は「現状でも保釈されている逃亡リスクの低い被告人に安易に使うのなら賛成できない」と、その適用範囲には慎重であるべきだという姿勢を示した。元検事の委員は逆に「海外逃亡のおそれ以外にも裁判官の裁量でGPS端末をつけられるようにしておかないと使い勝手が悪い制度になる」と広い適用をのぞむ声をあげた。

社説を掲載した新聞社の意見も割れた。京都新聞（2021年10月14日）は「GPS導入よりも人質司法の解決が先決ではないか」と、保釈される被告人への過度な制限と捉え、読売新聞（同年10月24日）は「被告の逃走防止策を徹底せよ」と、地域住民や社会への不安解消のためこれを徹底すべきだという見解を示したのである。

GPS端末について、王教授は取材時、〝運用範囲の拡大〟を危惧していた。GPS端末の導入はあくまでも逃走防止のための対応策であるため、その適用範囲も逃走防止の目的のみに限られるべきだと語った。

なぜなら、位置情報を他者に24時間把握される状況は、個人のプライバシーに過剰に介入するおそれがあるからだ。今回議論されたのはあくまでも逃走防止策であり、捜査の手段としての活用は念頭に置いていない。これは例えば、対象者の所有する車に無断でGP

S端末を取り付け、その行動を監視することなどだ。王教授はこうしたGPS端末の活用に慎重な姿勢を見せるが、すでに捜査の現場ではGPS端末が活用されている実態もある。

答申案ではGPS端末についてだけでなく、逃走に対するペナルティについても触れられていた。GPS端末を装着している被告人の「所在禁止区域」への立ち入りが検知された、あるいは勝手にGPS端末を外そうとした場合には1年以下の懲役という罰則が設けられるという。

「今は逃亡罪というのは身柄拘束されている人間にのみ適用されますが、保釈されている状態で逃走しても、逃走罪、逃亡罪にはなりません。GPS機器の装着のほか、逃走した場合は罪となるような仕組みも検討しています。

もともと弁護士を中心に保釈の範囲を拡大しようという動きがありました。ですが拡大したところ、起きるのは保釈逃亡。ゴーン元会長もレバノンに逃亡してしまいました。そのため保釈の範囲を拡大するだけでは駄目でしょうということになり、その後のケアをどうするのかという検討がなされ、そのなかで出てきた議論のひとつがGPSを取り付けるかどうか。もうひとつは逃亡罪の新設です。私自身は保釈制度をもっと広く使うならば、やはり保釈後に、逃走させないためのケアやシステムが必要だと考えています」

対して、川本弁護士は「GPSによる監視は不自由ではありますが、留置場にいるよりは自由です。GPSを付けてでも保釈されたい被告人はいます」と、保釈保証金が支払えない場合でも、別の方法により保釈を認める方向での法改正もあってよいのではと語る。

加えて、保釈時に被告人には自宅などの制限住居が定められるが、これについても「保釈された被告人と、被害者との生活圏内が重なることが、実は結構あるんです。しかし、現在の刑事訴訟法では、このような場合の被害者の恐怖感については全く配慮されていません」（同前）という実態を明かしてくれた。

性犯罪に限らず、犯罪に手を染める場所が、その生活圏内であることは、ままある。被害者と被告人が近所に住んでいることも珍しくはないのだという。被告人が保釈にかかる制限事項を遵守していても、両者の生活圏が近接していることから、被害者は、被告人と近所で鉢合わせするのではないかと恐怖を覚えるのだそうだ。のちに開かれる公判で、被害者が証言することをためらうケースもある。

「保釈に関する刑事訴訟法を改正するのであれば、被害者の声を聞いてきめ細やかな運用

が可能なものにしてほしいと思います」（同前）

## 文化の反映

海外における未決段階の者への位置情報把握状況については、国立国会図書館調査及び立法考査局行政法務課の春原寛子《すのはらひろこ》氏による「保釈をめぐる諸問題」に詳しい。イギリス、アメリカ、フランス、ドイツでは主に、GPS端末による監視と、RF型監視（対象者が特定の場所に滞在しているかを確認する方法）が用いられるという。うちアメリカでは、位置情報把握が逃走防止に影響しているかの調査もなされていた。

カリフォルニア州サンタクララ郡で行われた調査では、位置情報を把握されていた者のほうが、それ以外の者よりも、裁判所への不出頭により保釈が取り消される割合が有意に低かったとされている。出頭しているということは、逃走する意思がないことの現れとみることができる。逃走防止に一定の効果はあるといっていいだろう。イギリスについては「100件の保釈でGPS端末を用いて、違反したのは2パーセント程度と極めて低い。GPSの運用に逃走や違反防止の効果があるといえるのではないでしょうか」と王教授が解説してくれた。

それにしても位置情報の監視について、各国それぞれに運用が異なっているのは興味深い。逃走を防止するための方法でありながら、答えがひとつではないからだ。

「保釈についての対応は、まさにその社会の文化を反映しています。日本の刑事司法は精密司法。何でもはっきりさせないと、次の段階にいかない、それと同じく国民も、白黒はっきりさせることを求めている文化があるように感じます。それも日本の保釈を難しくしている理由のひとつ。日本の文化や社会は保釈されて逃走したケースをなかなか受け入れないし、許しません。そこが日本の保釈を難しくしている原因になっているのではないでしょうか。

アメリカの場合は司法機関との競い合いという側面があり、保釈は取引のひとつ。保釈後の人間が逃げたりしてもある程度想定内と見ています」

海外からのみならず、日本国内においても、自白偏重主義や人質司法に対する批判はある。しかしこれらが高い有罪率を支えていることも事実だ。不思議なことに日本では、被疑者が起訴されれば、本来はまだ未決……有罪か無罪か決まっていない立場であるにもかかわらず、その被告人に対して〝ほぼ有罪〟という印象を、多くの者が持つ。これは、高い有罪率を誇る日本の検察を、実際には信頼している証ともいえるであろう。「推定無罪の法則」という言葉は知られていても、生活には溶け込んでいないのだ。国際的なスタンダードを求めながら、日本特有の自白偏重主義や人質司法から成る高い有罪率によって、日々の生活に安心を得ているという矛盾が、ここに見える。あらゆる手続きが完璧でなければ非難の対象になる空気もあり、むしろ日本では100パーセントの有罪率が求められているようにすら思えることもある。

## リスクへの柔軟性

加えて、日頃取材を続けているなかで感じる懸念として、保釈を拡大することに不安や恐怖を感じる人もいるだろうという点がある。大小問わず、なんらかの事件に関わった人に対する偏見や否定的な感情は強い。実際に、多くの雇用主は出所者を雇いたがらず、刑務所や更生保護施設の建設予定地域では、近隣住民が安心安全を理由に反対する。

被疑者も被告人も、受刑者も出所者も、全てが危険人物扱いされ、また彼らを〝自分の生活を脅かすリスク〟だと捉えているふしがある。〝自分がその立場になったら〟という視点は、なぜか被害者に対してだけ適用されがちだ。

王教授の語ったような「白黒はっきりとさせたがる」ことだけでなく〝安心や安全を強く求めたがる〟ことも、日本の文化だといえるだろう。そのため、そもそも保釈を拡大することと自体を受け入れられないという声もあがるのではないだろうか。保釈された被告人が実は近くに住んでいる、という状況を想像し、事件とは無関係であっても不安や恐怖を覚える者がきっといるはずだ。逃走犯の報道が過熱した際に〝恐怖を覚える市民の声〟が報じられがちなのは、ゼロリスク的な安心や安全を求める層へのニーズに応えた結果にも見える。

実際にGPS端末の運用が始まり、また仮にそのうえで逃走事案が発生すれば、厳しい批判が起きることは想像に難くない。保釈拡大という動きは実際のところ、安心安全、そして厳格な運用を求める日本の国民性には合わないのかもしれない。

だがそれでは、いつまでも保釈にまつわる現状に変化は生まれないということになる。リスクをひとつも容認しない、という姿勢から、いくつかは想定内、と思える柔軟性を身につけ、またそれが文化として浸透しなければ、たとえ保釈の拡大は進んでも、それに対する理解は得られまい。せめて、やみくもに〝犯罪者〟を恐れる現状を変えていくための一歩として、被告人の立場がいかなるものであるか、周知させる必要があるだろう。文化を変えるのは、一朝一夕にできることではないのだから。

## あとがき

本書は、調査報道サイト『ＳｌｏｗＮｅｗｓ』での連載「逃げるが勝ち　逃走犯たちの告白」のために執筆した原稿をもとに追加取材を行い、加筆修正したものである。

また第１章から第４章についてはそれぞれ、当の逃走犯たちから手記を得る取材を行った『週刊ポスト』２０１８年11月23日号、２０２０年６月26日号の記事を元にした。このときの取材が『ＳｌｏｗＮｅｗｓ』での連載のきっかけとなっている。

今回取材をすすめるなかで、強く感じたことがある。実際に起こった出来事に対して、興味関心を持ち、その情報を得ようとすることは、ことさらに「おもしろがっている」と思われる場合があること。そして興味関心を持つ対象が、事件など後ろ暗いイメージのものであるとき、とたんに「建前」が必要になる、ということだ。事件ノンフィクションに「定型」が存在する理由と根本は同じだと考えている。事件や犯罪、またはそれをテーマにした書籍に対する興味や関心だけが、何かおおっぴらに説明できるような理由を持っていなければならず、単純なものであってはならないと考えられているような空気が今の時代にはある。そこに居心地の悪さを感じる。

逃走犯に関心を持ち、本書を手に取った皆様は、どんな気持ちを抱きながら、ここまで読み進めてくださっただろうか。本書を手に取るための「建前」を何か設定しただろうか。それとも単純に「おもしろそう」と手に取ってくださったのだろうか。

「逃走犯」のニュースは、多くの人が関心を持って見聞きするもののひとつだろう。捕まる前であれば、逃走犯を追う警察の様子などをワイドショーが報じ、いざ逮捕に至れば、今度は明らかになった逃走経路や、そこで犯人と接した人々の存在がクローズアップされる。私も逃走犯のニュースに接する時は、彼らは一体どこに隠れているんだろう？　と興味津々でワイドショーをくまなくチェックするタイプである。

実際に逃走犯が潜伏していた街の様子を知りたい、彼らが逃走時にどんなものを食べ、どんな人と接していたのかが気になる。そんなシンプルな興味関心から取材を始め、時にのめりこみ、原稿をまとめあげた。あまり考え込まず、また立ち止まったりすることなく、さっぱりと読み進められるような構成を心がけたつもりだ。

執筆にあたり、多くの方々にご協力いただきました。

そもそものスタートである、逃走犯への手記を取る取材は小学館『週刊ポスト』編集部・湖山昭永さんとともに進めてきました。その取材がなければ、本書も存在していません。

保釈や逃走罪をめぐる現状については何人もの法曹関係者に話を聞かせていただきました。本文にはお名前を掲載しておりませんが、逃走罪について嚙み砕いた解説をしてくださった、弁護士法人大西総合法律事務所代表・大西洋一弁護士、ありがとうございます。

さらに、『ＳｌｏｗＮｅｗｓ』連載とサポートのご提案をしてくださった、スローニュース株式会社の谷村友也さん、同社代表取締役の瀬尾傑さん。

連載時から編集として様々にアドバイスをくださっただけでなく、本書刊行の企画を進めてくださった小学館の酒井裕玄さん。そして前作『つけびの村』に引き続き、フリーランスとして編集を担当してくれた藤野眞功さん。快く地方取材に送り出してくれた夫の佐藤大介さん。ありがとうございました。

そして本書は、網走をはじめ、向島、広島、神奈川、そして四国などで取材に応じてくださった皆様のおかげで、書き上げることができました。改めて、このご時世にもかかわらず、また、多くが突然の取材であったにもかかわらず、お話を聞かせていただき、本当にありがとうございました。

## 高橋　ユキ［たかはし・ゆき］

1974年福岡県生まれ。2005年、女性4人の傍聴集団「霞っ子クラブ」を結成しブログを開設。以後、フリーライターに。主に刑事裁判を傍聴し、さまざまな媒体に記事を執筆している。『つけびの村　噂が5人を殺したのか？』（晶文社）、『木嶋佳苗　危険な愛の奥義』（徳間書店）など、事件取材や傍聴取材を元にした著作がある。



編集：藤野眞功＋酒井裕玄（小学館）

# 逃げるが勝ち
## 脱走犯たちの告白

二〇二二年　六月六日　初版第一刷発行

著者　高橋ユキ

発行人　鈴木崇司

発行所　株式会社小学館
〒一〇一－八〇〇一　東京都千代田区一ツ橋二ノ三ノ一
電話　編集：〇三－三二三〇－五九五五
販売：〇三－五二八一－三五五五

印刷・製本　中央精版印刷株式会社





Printed in Japan ISBN978-4-09-825425-5

小学館新書
好評既刊ラインナップ

## 老いが怖くなくなる本　和田秀樹 405

認知症は恐れるに足らず。年を取ったら健康のための我慢は考えもの。健康寿命を延ばす秘訣は“恋”にあり——。専門医として、30年以上にわたり高齢者を診てきた著者が人生100年時代の幸せな生き方を伝授する。

## フェイク　ウソ、ニセに惑わされる人たちへ　中野信子 418

フェイクニュース、振り込め詐欺……日常生活において、ウソやニセにまつわる事件やエピソードは数知れず。騙されてしまうメカニズム、そしてフェイクと賢く付き合いながら生き抜く知恵まで、脳科学的観点から分析、考察する。

## 逃げるが勝ち　脱走犯たちの告白　高橋ユキ 425

自転車日本一周に扮した男、尾道水道を泳いで渡った男、昭和の脱獄王、カルロス・ゴーン……。彼らはなぜ逃げたのか、なぜ逃げられたのか。異色のベストセラー『つけびの村』著者があぶり出す“禁断のスリル”。

## 人生の経営　出井伸之 419

「人生のCEOは、あなた自身。サラリーマンこそ冒険しよう!」元ソニーCEO・84歳現役経営者がソニーで学び、自ら切り開いた後半生のキャリア論。会社にも定年にもしばられない生き方を提言する。

## リーゼント刑事《デカ》　42年間の警察人生全記録　秋山博康 421

「おい、小池!」——強烈な印象を残す指名手配犯ポスターを生み出したのが、徳島県警の特別捜査班班長だった秋山博康氏だ。各局の「警察24時」に出演し、異色の風貌で注目された名物デカが、初の著書で半生を振り返る。

## ピンピン、ひらり。　鎌田式しなやか老活術　鎌田 實 422

もう「老いるショック」なんて怖くない!　73歳の現役医師が、老いの受け止め方や、元気な時間を延ばす生活習慣、老いの価値の見つけ方など、人生の“下り坂”を愉しく自由に生きるための老活術を指南する。